KRYPTOWÄHRUNGEN EINFACH ERKLÄRT

Dr. Julian Hosp

Kryptowährungen einfach erklärt

ISBN-13: 978-988-14850-9-0

Wenn du gerne Feedback zum Buch geben möchtest:

www.julianhosp.de

Danksagung

Ohne die Unterstützung einer ganzen Reihe von Leuten wäre dieses Buch nicht möglich gewesen.

Besonderen Dank schulde ich all den fantastischen Gesprächen mit verschiedenen Leuten aus dem Krypto-Ökosystem, die es mir ermöglicht haben, mein Wissen durch tiefgründige Diskussionen zu erweitern und mich dabei herausforderten, meine Kenntnisse ständig zu erweitern. Vor allem möchte ich meinem TenX-Mitgründer Toby danken, der mir 2014 die Grundlagen von Blockchain und Kryptowährung geduldig erklärt hat, was sich später als Basis für mein tiefes Verständnis herausstellte.

Als nächstes möchte ich meinem gesamten Team bei TenX danken, zu dem einige der talentiertesten und klügsten Leute gehören, mit denen man es sich nur erträumen kann, zusammenzuarbeiten. Besonders hervorheben möchte ich Rasa, welche mich mit den tollen Grafiken unterstützt hat.

Weiters möchte ich meiner Familie danken, die, egal was ich verfolge, immer hinter mir steht. Besonders dankbar bin ich für meinen Vater, der schon in jungen Jahren meine Neugier für Technologien weckte – ohne ihn hätte ich die kryptographischen Grundlagen nie so verstanden.

Wie auch bei meinen früheren Büchern, bin ich Patricia Zinnecker unglaublich dankbar, dass sie mir bei den unterschiedlichsten Angelegenheiten jederzeit zur Hilfe bereitstand. Zum anderen hält mir meine Verlobte Bettina nicht nur im Privaten, sondern auch im Geschäftlichen jederzeit meinen Rücken frei und motiviert mich, nie aufzugeben, wenn ich es am meisten brauche.

Zu guter Letzt Dennis Jacobs, der nicht nur ein fantastischer Freund, sondern wie ein Bruder, den ich nie hatte, für mich ist und mit seinem kritischen Feedback den letzten Feinschliff aus dem Buch herausholte.

Und natürlich möchte ich allen danken, die mir auf dem Weg geholfen haben, die ich hier jetzt aber nicht einzeln erwähnen kann. Ich bin wirklich jedem einzelnen absolut dankbar, denn ohne jede der Erfahrungen oder Begegnungen wäre dieses Buch nie so entstanden, wie es das heute ist.

Dieses Buch ist meinem Vater Laurin Hosp gewidmet,da er meine technische Neugierde inspirierte.

INHALTSVERZEICHNIS

VORWORT

Dr. Harald Mahrer
Bundesminister für Wissenschaft, Forschung und Wirtschaft
Republik Österreich

Der Traum von einer besseren Welt bewegt die Menschheit seit dem Anbeginn der Tage. Auf Betreiben des berühmten Humanisten Erasmus von Rotterdam veröffentlichte der englische Staatsmann Thomas Morus 1516 sein Werk *Utopia*. Diese Schrift, in der eine „ideale Gesellschaft" beschrieben wird, gilt heute als einer der wichtigsten Vorläufer sozialutopischer Konzeptionen, die sich vielfach der gerechten Verteilung von Gütern und oft der gleichzeitigen Abschaffung des Geldes widmen. Heute - 500 Jahre später - vor dem Hintergrund hochdynamischer technologischer Entwicklungen werden die vorherrschenden Gesellschaftsmodelle von unterschiedlichen Vordenkern hinsichtlich ihrer Zukunftstauglichkeit hinterfragt. Individuelle Freiheit versus staatlichem Zwang und Kontrolle oder mehr persönliche Bequemlichkeit und ein leichteres Leben für den Preis des Verlustes der Privatsphäre? All dies sind Metaphern für grundlegende Fragen der Digitalisierung unserer Welt und des Zusammenwachsens von Mensch und Maschine.

Für die Apologeten und Vordenker der Krypto-Ökonomie ist diese neue Form der Dezentralisierung der Systeme der Weg in Richtung eines möglichen Utopias, einer blockchainbasierten und gleichsam besseren und gerechteren Welt. Mit dem vorliegenden Buch ermöglicht Julian Hosp Einblicke und

Ausblicke in diese Möglichkeitsräume. Er bietet die Chance, grundlegende technische Funktionsweisen der Krypto-Ökonomie zu verstehen und Potenziale zu erkennen. Der Fokus liegt klar auf dem Kennenlernen des Subsystems der Kryptowährungen, der ersten öffentlich breitenwirksamen Ausprägung des gesamten krypto-ökonomischen Ökosystems.

Ich danke Julian Hosp für dieses Werk und hoffe, dass die Leserinnen und Leser durch den Aufbau von Wissen und persönlicher Reflexion aktiv an einer notwendigen Debatte über die Licht- und Schattenseiten einer krypto-ökonomischen Entwicklung teilnehmen. Bislang bleibt die Frage unbeantwortet, wie ökologisch nachhaltig oder von marktwirtschaftlichen Prinzipien getragen eine blockchain-basierte Welt zu einem wohlstandsfördernden Wettbewerb beitragen kann. Im Gegenteil - es existieren mehr Fragen als Antworten und mehr Pfade in die Zukunft als wir uns vorstellen können. Haben wir daher - ganz dem Motto der Aufklärung folgend - den Mut, uns unseres eigenen Verstandes zu bedienen? Sapere aude! Auch dieses Buch leistet dazu einen wichtigen Beitrag.

Dr. Harald Mahrer

WAS DICH ERWARTET

Hast du dich jemals gefragt, was Bitcoin, eine Kryptowährung oder eine Blockchain ist? Wie wäre es mit dem Wort „Dezentralisierung"? Du hast vielleicht gehört, dass „diese Dinge kommen" und „die Welt dominieren werden", aber egal, ob du diese Dinge kennst, „sie haben recht" – „diese Dinge werden kommen" ... und „diese Dinge" werden eine genauso wichtige Rolle wie das Internet in den letzten 20 Jahren spielen.

Weißt du, wer mit dem Internet gewonnen hat? Die Leute, die sich frühzeitig darauf vorbereitet und angefangen haben, es persönlich oder für ihr Geschäft zu nutzen, bevor andere folgten. Warst du einer dieser frühen Anwender oder hast du die frühe Welle verpasst? Vielleicht kennst du aber Leute, die sie erwischt haben und nun entweder viel Geld durch Investitionen oder durch kluge geschäftliche Entscheidungen verdient haben oder einfach nur der Trendwelle voraus sind. Mit dieser neuen Technologie namens Blockchain ergibt sich nun eine ähnliche Möglichkeit.

Wenn du keine Ahnung hast, was eine Blockchain, eine Kryptowährung oder Bitcoin ist, mach dir keine Sorgen – nur die wenigsten haben schon einmal davon gehört. Wenn du jedoch weißt, was diese Dinge sind – wüsstest du, wie man sie in weniger als einer Minute einem Zehnjährigen erklärt? Wahrscheinlich nicht. Ich weiß das, weil ich pro Jahr rund einhundert Vorträge zu diesem Thema auf der ganzen Welt gebe. Egal ob in Europa, Asien, Amerika oder Afrika, selbst wenn ich einen Raum voller Blockchain-Entwickler habe und frage, wer eine Blockchain erklären könnte, aber dann „in unter einer Minute und einem Zehnjährigen“ hinzufüge, hebt fast niemand die Hand. Wenn man sich diese Tatsachen ansieht, fragt man sich, wie die breite Öffentlichkeit diese bahnbrechenden Konzepte jemals verstehen sollte, damit sie massentauglich werden können. Eine der größten Herausforderungen für jeden, der versucht, sich mit den Themen rund um Blockchain, Dezentralisierung, Bitcoin und andere Kryptowährungen vertraut zu machen, ist die Frage: „Wo fange ich an?“. Es gibt leider zu viele schlechte Ressourcen, und all jene, welche eigentlich gut wären, sind oft an Computer-Entwickler mit extensiver Programmiererfahrung gerichtet.

Genau deswegen habe ich dieses Buch geschrieben. Auf die einfachste Art und Weise werde ich all die oben genannten Dinge erklären, sodass sie sogar ein Zehnjähriger verstehen kann. Gleichzeitig werde ich auf ein paar technische Details verweisen, um dir sowohl eine grobe Übersicht als auch die feinen Details zu geben. Wenn du jetzt denkst, dass meine Intention, dir all dies wie einem Zehnjährigen zu erklären, eine Diskriminierung oder ein Herunterspielen deiner Intelligenz wäre, dann denk an ein Zitat von Albert Einstein:

„Wenn du es nicht einfach erklären kannst, verstehst du es nicht gut genug.“

Vielleicht erinnerst du dich, als du einmal einem Kind etwas erklären musstest (vielleicht deinem eigenen). Du konntest nicht dieselben Begriffe und Wörter verwenden, die du normalerweise verwenden würdest. Anfangs war das schwierig, aber nachdem du es geschafft hattest, hattest du selbst ein völlig neues Verständnis von dem ganzen Thema. Kannst du dich an eine solche Instanz erinnern? Es war also ganz und gar nicht ein „Herunterspielen der Intelligenz”, sondern vielmehr eine Erhöhung. Diesem Prinzip folgend, möchte ich die neuen technischen Begriffe rund um Blockchain in einer Sprache erklären, die wirklich jeder verstehen kann – sogar ein Zehnjähriger. Es wird dir nicht nur helfen, es selbst besser zu verstehen, sondern es wird dir auch erlauben, diese Dinge an andere Leute weiterzugeben – falls du das willst. Das ultimative Ziel ist es, Menschen auf der ganzen Welt #CRYPTOFIT – fit für diese neue Welle der Dezentralisierung und Blockchain zu machen.

Abgesehen von der einfachen Sprache und einigen Grafiken werde ich jedoch ein paar wenige technische Details hinzufügen. Es ist ziemlich die gleiche Information, nur auf einer komplexeren Ebene, und wird als solches hervorgehoben. So weißt du, wann diese Passagen kommen, und wenn du willst, kannst du sie überspringen. Keine Sorge, du verpasst dabei keine Information, sondern ich erkläre nur das vorher Gesagte in der Sprache von Zahlen, Mathematik und Kryptographie.

Viele Wörter in diesem Ökosystem sind englisch. Ich werde die Namen auch auf Englisch beibehalten und nur dann auf Deutsch übersetzen, wenn ich denke, dass es Sinn macht. Keine Sorge, du wirst sie immer verstehen. Auf diese Art und Weise wirst du dich jedoch später viel leichter tun, wenn du Blog-Artikel liest oder Videos ansiehst und nicht die deutschen, sondern die englischen Fachbegriffe hörst. Eine Blockchain wird eben nie als Blockkette bezeichnet, auch wenn dies in der Übersetzung das richtige Wort wäre.

TIPP

Eine wichtige Sache, bevor wir loslegen: Ich habe eine zwanzigseitige Zusammenfassung erstellt, die zu diesem Buch gehört, die du dir unbedingt herunterladen solltest. Das PDF wird dir helfen, die Ideen und Konzepte noch besser zu verstehen und den Überblick zu behalten. Da es digital ist, kann ich es immer up to date halten, was gerade in diesem schnelllebigen Ökosystem essenziell ist. Geh einfach auf www.cryptofit.community/arbeitsbuch und lade es dir kostenlos herunter!

WICHTIG

Das Buch hat zwar eine ganz klare Struktur, ABER du kannst natürlich zwischen den einzelnen Kapiteln hin- und herspringen, wenn dich ein Thema ganz besonders interessiert. Wenn du zum Beispiel hauptsächlich etwas übers Investieren in Kryptowährungen lernen möchtest, kannst du direkt zu diesem Kapitel wechseln. Trotzdem empfehle ich dir, dass du die Kapitel in der Reihenfolge durchläufst, wie ich sie aufgelistet habe.

WARUM DIESES BUCH UND KEIN ANDERES?

An dieser Stelle liest du vielleicht gerade eine Vorschau dieses Buches und du weißt nicht wirklich, wer ich bin und warum du mir bei all dem vertrauen solltest. Es stellt sich dir die Frage: „Warum solltest du eigentlich auf mich hören? Warum dieses Buch und kein anderes?“ Ich kann mich in dich hineinversetzen – was gibt mir das Recht, über das Thema Blockchain, Kryptowährungen, Bitcoin, ICOs und Co. zu sprechen? Es gibt so viele Leute da draußen, die Informationen über Blockchain und Kryptowährungen verbreiten, also warum solltest du mir glauben? Faire Frage. Also, lass mich dir zuallererst ein wenig über mich erzählen und wie ich ins Krypto-Ökosystem gekommen bin.

Nachdem ich sechs Jahre lang Medizin in Österreich studiert hatte, begann ich, mich im Rahmen meines klinisch praktischen Jahres als Unfallchirurg ausbilden zu lassen. Ich war während meines Studiums einer der Top 10 Profikitesurfer der Welt, und so war es plötzlich etwas komplett Neues, nachdem ich praktisch auf der ganzen Welt als Sportler unterwegs gewesen war, nun fix in einem Krankenhaus zu sein. Im Jahr 2012 entschied ich mich daher, meine Arbeit als Arzt nicht fortzusetzen und mein Wissen als Profisportler und Mediziner zu kombinieren, um anderen Menschen Coaching, Persönlichkeitsentwicklung und Peak-Performance-Training anzubieten. Ich zog damals auch nach Hongkong, um einige Erfahrungen in den Bereichen Business, Finanzen und Marketing zu sammeln. Ich hatte immer schon an eigentliche Praxis gegenüber reiner Theorie beim Lernen geglaubt. So machte dieser Umzug für mich viel Sinn. Der Versuch, in der Stadt zwischen der westlichen und der östlichen Welt Fuß zu fassen, bedeutete ein schwieriges Jahr, aber es lehrte mich viel über Verkauf, Public Speaking, Ablehnung und vieles mehr.

Im Jahr 2014 hatte ich das Gefühl, dass ich genug von Hong Kong hatte, und so beschloss ich, wieder mehr zu reisen und meine Trainings eher remote anzubieten. Rein zufällig traf ich Toby, einen österreichischen Landsmann, und seinen Freund Paul aus Thailand in Bangkok auf einem Zwischenstopp. Wir haben uns sofort gut verstanden und haben über ein Thema gesprochen, das ich bereits 2011 von einem Patienten gehört hatte: Kryptowährung wie Bitcoin und Co. Ich hatte diesem Thema damals nicht viel Aufmerksamkeit gewidmet, doch in Anbetracht der Tatsache, dass Bitcoin im Jahr 2011 bei etwa 1 US-Dollar lag, war es ein Schock, zu hören, dass es nun 2014 auf rund 1.000 US-Dollar gestiegen war. Mein erster Gedanke war: „Wow, hätte ich 2011 1.000 US-Dollar investiert, hätte ich in nur drei Jahren eine Million US-Dollar verdient." Ich hatte es 2011 als Betrug abgeschrieben, aber durch das Gespräch mit Toby und Paul war ich unglaublich interessiert und begann, das neue Thema zu erforschen. Ich suchte alle Informationen zu Blockchain, Kryptowährungen und Bitcoin zusammen. Es war zwar nicht leicht zu verstehen, doch immer noch einfacher als ein Großteil des medizinischen Materials, das ich in den Jahren zuvor hatte studieren müssen. Wann immer Leute mich fragen, ob ich es jemals bereue, nicht als Arzt gearbeitet zu haben, doch alles studiert zu haben, so weiß ich immer, dass das Studium die Grundlage für mein tiefes Verständnis all der technischen Dinge der Kryptowelt gelegt hatte.

Toby, Paul und ich blieben in Kontakt und in den Monaten nach unserem Kennenlernen in Bangkok diskutierten wir weiter darüber, wie wir Kryptowährungen massentauglich machen könnten. Im Mai 2015 veranstaltete

DBS, eine der größten Banken in Singapur, einen sogenannten Blockchain Hackathon in Singapur. Das war im Grunde ein Wochenende, an dem mehrere Teams versuchten, eine Jury von ihrem Projekt zu überzeugen. Ich entschied mich, mit Toby und Paul die Möglichkeit am Schopfe zu packen, und wir bereiteten einen Pitch vor, um die 15.000 US-Dollar Preisgeld zu gewinnen. Du kannst dir ein Video von damals anschauen und wie wir uns vorbereitet haben, indem du nach dem folgenden YouTube-Video suchst: „Julian Hosp Hackathon Singapur".

Wir haben tatsächlich gewonnen. Toby und Paul beschlossen, nach dem Event in Singapur zu bleiben. Ich hingegen war noch eher in Reisestimmung und so hielt ich per Skype Kontakt. Am 11. Juni 2015 wurde OnePay / OneBit in Singapur gegründet. Ursprünglich wollten wir nur Bitcoin ausgebbar machen, da es die größte und wichtigste Kryptowährung war und die meisten anderen Kryptowährungen in den Schatten stellte. Der Plan war, dass Bitcoin auf eine Debitkarte geladen werden und dann online bzw. offline auf der ganzen Welt genutzt werden konnte. Ich hatte damals auch schon begonnen, ein paar Videos über Blockchain und Bitcoin zu machen, aber es war alles noch ein bisschen zögerlich, nachdem Bitcoin nach dem Hack einer Börse namens MtGox einen massiven Abwärtstrend in den Jahren 2014 und 2015 erlitten hatte. Wenn du willst, such nach „Julian Hosp Bitcoin und Blockchain 2015" und du wirst eines meiner ersten Videos von damals finden.

Anfang 2016 erhielten wir mit OnePay / OneBit unsere ersten externen Investoren und auch PayPal begann in seinem Inkubator, das Unternehmen für weiteres Wachstum zu unterstützen. Ich entschied mich daraufhin, dem Unternehmen Vollzeit beizutreten und es außerdem in TenX umzubenennen – wir wollten nicht mehr „One-Bit", also ein bisschen, wachsen, sondern „TenX", also zehnmal. Toby wurde mit seinem technischen Wissen der Geschäftsführer. Paul wurde Produktleiter. Ich wurde Präsident und das

Gesicht des Unternehmens. Weiters wurde mir klar, wie wichtig die allgemeine Aufklärung der Öffentlichkeit über Blockchain und Kryptowährungen war, nach dem Motto: „Wenn man die Zukunft vorhersehen will, kreiere sie selbst". Deshalb habe ich einen YouTube-Kanal (www.youtube.com/julianhosp), eine Facebook-Gruppe (www.facebook.com/groups/kryptoganzeinfach) und einen Podcast (http://kryptoshow.libsyn.com) gegründet – alle gehören zu den größten der Welt.

Es ist meine persönliche Mission geworden, den Menschen zu helfen, zu verstehen, was Kryptowährungen sind und wie sie funktionieren, um mit diesem Thema die finanziellen Möglichkeiten von mindestens einer Milliarde Menschen bis 2025 zu erweitern.

Ich weiß, das hört sich nach einer verrückten Mission und Vision an, aber ich glaube ganz fest daran, dass es möglich ist. So wurde dann auch die Marke und der Hashtag #CRYPTOFIT geboren, um Menschen fit in Krypto zu machen. Heute habe ich hunderte Artikel über Blockchain und Kryptowährungen in Magazinen geschrieben, dutzende Fernsehinterviews und Podcast-Gespräche geführt und Influencive hat mich zu einem der Top-Krypto-Experten ernannt, denen man im Jahr 2017 folgen sollte: https://www.influencive.com/top-blockchain-cryptocurrency-experts-folgen-2017. Weiters habe ich die beiden Whitepaper für TenX (www.tenx.tech) und COMIT (www.comit.network) verfasst, welches ein dezentralisiertes Netzwerk darstellt, das alle Blockchains, ähnlich wie das Internet Intranets, miteinander verbindet.

Da TenX exponentiell wuchs, entschieden wir uns im Juni 2017 für einen sogenannten Tokensale, bei dem TenX Kryptowährungen im Gegenwert von etwa 80 Millionen US-Dollar als Unterstützung erhielt, um die Vision, jegliche Kryptowährungen verwendbar zu machen, in die Realität zu bringen. Zum Zeitpunkt des Schreibens dieses Buchs im Jahr 2017 wird unser Unternehmen TenX auf über eine halbe Milliarde US-Dollar geschätzt und es ist spannend, zu sehen, was als nächstes passiert, nicht nur in Bezug auf TenX, sondern im gesamten Blockchain-Ökosystem.

Was macht dieses Buch anders als andere Krypto-Bücher?

Abgesehen von der einfachen Sprache werden dir schon ein paar Dinge aufgefallen sein, wenn du versucht hast, das Kryptosystem zu verstehen:

- Es ist unglaublich schwierig, zu wissen, wo man beginnen soll. Dieses kurze und einfach geschriebene Buch hält diesen Schritt so simpel wie möglich. Besonders „early adopter" haben oft einen sehr technischen Hintergrund. Das führt dazu, dass viele Erklärungen für den Laien verwirrend sind. Als Arzt habe ich eher einen wissenschaftlichen Hintergrund, der es mir erlaubt, komplexe Konzepte mit einfachen Begriffen zu erklären und trotzdem das Wesentliche abzudecken. Darum geht es meiner Meinung nach ganz besonders: Dinge super einfach zu halten.

- Einige Experten des Krypto-Ökosystems befinden sich NICHT im System. Sie berichten nur von außen. Es ist ein großer Unterschied, ob man drinnen oder draußen ist. Darum ist es mir sehr wichtig, nicht nur ein Buch zu diesem Thema zu schreiben, sondern selbst ein Unternehmen im Kryptosystem aufzubauen.

- Einige Leute behaupten, Blockchain-Experten zu sein, um dann ihren Followern ihre eigene Meinung aufzutragen. Der Mangel an Wissen ermöglicht es vielen Betrügern, Menschen auszunutzen. Ich setze mich dafür ein, Menschen auf die transparenteste Art und Weise zu schulen. Ja, natürlich freue ich mich, wenn Leute die Produkte und Dienstleistungen meines Unternehmens nutzen, aber das Hauptziel ist, dem Benutzer dieses aufregende Ökosystem näher zu bringen. Sei also vorsichtig, wem du tatsächlich folgst und zuhörst.

- Viele selbsterklärte Vordenker sind auf ein bestimmtes Thema fixiert und blicken nicht über den Tellerrand hinaus. Sie legen sich auf eine bestimmte Kryptowährung oder ein bestimmtes Projekt fest – alles andere ist dann schlecht oder böse. Doch die wahre Ideologie der Blockchain geht weit darüber hinweg. Für mich geht es um die Idee, ein dezentrales System – was das eigentlich bedeutet, wirst du bald herausfinden – mit der zentralen Welt zu verknüpfen. Es braucht einen Mix, kein entweder oder. Ich sehe mich nicht als „Fanatiker", der versucht, dich von einem einzelnen Coin oder Token zu überzeugen oder etwas schlecht zu machen. Ich möchte, dass du das Ökosystem als Ganzes kennenlernst.

Figure 1

Ich bin froh, dass du dieses Buch in deine Hände bekommen hast, denn ich kann dir versichern, dass es dir am allermeisten helfen wird, #CRYPTOFIT zu werden.

Wenn du noch mehr Details zu mir erfahren möchtest, besuche meine persönliche Website (www.julianhosp.de). Um zu sehen, was wir bei TenX tun, folge diesem Link: www.tenx.tech. Wenn du ein Buch über mein Leben vor der Begegnung mit Kryptowährungen lesen möchtest, geh auf

Amazon und such nach „25 Geschichten für mein Jüngeres Ich“ bzw. nach „Grenzenlos Erfolgreich“, wenn du lernen möchtest, was knallhartes Mindset bedeutet.

Für Updates folge mir auf Social Media:
www.facebook.com/julianhosp (du weißt ... Facebook ;-)
www.facebook.com/tenxwallet (Dinge zu TenX)
www.twitter.com/julianhosp (regelmäßige Gedankenanstöße)
www.linkedin.com/ln/julianhosp (viele professionelle Themenbeiträge)
www.xing.com/julianhosp (wie LinkedIn, aber auf Deutsch)
www.youtube.com/julianhosp (wöchentliche Videos auf Deutsch)
www.youtube.com/tenxwallet (wöchentliche Videos auf Englisch)
www.instagram.com/julianhosp (private Bilder)
www.julianhosp.com/podcast (Deutscher Kryptoshow-Podcast)

Wir haben drei tolle Communitys, die du unbedingt besuchen solltest, wenn du dich mit Gleichgesinnten austauschen willst. Dies ist gerade in diesem schnelllebigen Ökosystem wichtig:

Deutsche Facebook-Community für Fragen und Antworten: www.facebook.com/groups/kryptoganzeinfach

Englische Facebook-Community für Fragen und Antworten: www.facebook.com/groups/cryptofit

Deutsche & Englische Community für TenX auf http://chat.tenx.tech

TIPP

Bevor du weitergehst – hast du dir schon das zwanzigseitige Arbeitsbuch einschließlich Zusammenfassung aller Kapitel heruntergeladen? Das brauchst du, um wirklich immer die aktuellsten Infos zu haben und so den Inhalt des Buches noch besser zu verstehen: www.cryptofit.community/arbeitsbuch

Genug über mich, jetzt geht’s darum, dass du #CRYPTOFIT wirst. :-)

KAPITEL 1 – VON GOLD ZU KRYPTO

Ich kann mir vorstellen, dass du nun am liebsten direkt ins Investieren und Geldverdienen mit Kryptowährungen einsteigen willst. Doch wenn du die Konzepte zu Kryptowährungen und Blockchain wirklich nachhaltig verstehen willst und du dir ein eigenes Bild zu dem ganzen Ökosystem machen willst, so müssen wir mit den Basics anfangen. Dies bedeutet zuallererst, zu verstehen, was denn Geld eigentlich ist. Keine Sorge, das ist spannender, als du vielleicht vorerst denkst.

Was ist Geld?

Man könnte Geld als eine seltsame Art von Energie beschreiben. Nicht die Art von Energie, von der wir als Wissenschaftler sprechen, sondern davon, dass Geld eigentlich nichts anderes macht, als Wert zu speichern, zu erhalten, um ihn dann auszugeben. Dieser Wert oder diese Energie kann dann in alle möglichen Dinge wie Dienstleistungen oder andere Produkte umgewandelt werden.

WICHTIG

In seiner reinsten Form muss Geld drei Kriterien erfüllen:

1. Wertaufbewahrungsmittel
2. Transportmedium
3. Rechnungseinheit

Was ist eine Währung?

Schlussendlich geht es darum, dass die Nutzer eines Geldes darauf vertrauen, dass 1. bis 3. funktioniert. Dann wird es als Geld anerkannt. Unterschiedliche Gruppen kreieren ihre eigenen Arten des Geldes, was wir als Währung bezeichnen.

Geld ist ein Konzept, eine Währung ist die eigentliche Ausführung.

Wie funktioniert Gold als Geld?

Wie du wahrscheinlich weißt, haben sich diese Währungen als unterschiedliche Formen des Geldes in den letzten Jahrhunderten enorm gewandelt: von physischen Münzen und Papieren vor Tausenden von Jahren zu digitalen Versionen in den letzten Jahren. Handel mit Gütern wie Tieren, Salz, Zucker und so weiter begann ca. im Jahre 10.000 v. Chr. Damals wurden die Güter direkt als „Währung" verwendet. Um ca. 2000 v. Chr. begann die Verwendung von Gold als „Geld". Der Grund dafür kann durch die drei oben genannten Kriterien für Geld verstanden werden: Tiere, Steine oder viele andere Dinge sind einfach nicht gut, um Wert zu speichern, sie sind nur schwer zu transportieren und teilweise schwierig zu messen oder zu vergleichen.

Die Nutzung der ältesten bekannten Währung, Gold, hatte einige sehr wichtige Vorteile gegenüber der Verwendung anderer Güter. Im Allgemeinen deckt Gold die drei Kriterien für Geld mit diesen Eigenschaften ab:

1. Gold ist selten und kann nicht reproduziert werden. Es wächst nicht auf Bäumen. Es aus dem Boden zu holen, erfordert Arbeit und produziert Kosten. Andere Güter wie Tiere, Zucker oder Salz erfüllen dieses Kriterium nicht unbedingt. Gold kann nicht sterben oder verändert werden und man kann

es nicht verändern. Ja, Gold kann für Schmuck verwendet werden, aber es ist und bleibt Gold. Gold ist also ein **gutes Wertaufbewahrungsmittel, vor allem weil es rar ist und sich nicht veränder**t.

2. Gold ist transportabel. Gold hat eine sehr hohe Dichte und benötigt nur sehr wenig Platz. Dies ist ein großer Vorteil gegenüber beispielsweise Viehzucht und macht Gold zu einem guten **Transportmedium**.

3. Gold ist fungibel. Dies bedeutet, dass eine Unze reines Gold gleich ist wie eine andere Unze reines Gold. Es gibt keine Unze, die mehr oder weniger wertvoll ist. Zwei halbe Unzen Gold haben den gleichen Wert wie eine ganze Unze. Dies macht den Handel viel einfacher und war einer der Hauptgründe, warum Menschen weg von Muscheln oder Edelsteinen gegangen sind. Bei Diamanten gibt es zum Beispiel die 3-C-Regel: Colour, Cut, Clarity (Schnitt, Farbe, Klarheit). Basierend auf diesen drei Faktoren wird der Wert eines Diamanten definiert. Während also zwei Steine gleich aussehen können, kann der eine wertlos und der andere wertvoll sein. Gold hingegen funktioniert als eine gute **Rechnungseinheit**.

Aufgrund der drei Punkte:

Die Menschen vertrauen Gold, als Geld zu wirken.

Gold (rare)

Money on tree

Figure 2

Vertrauen ist der wichtigste Faktor, wenn es um Geld geht, denn ich akzeptiere dein Stück Gold nur dann, wenn ich weiß, dass es auch jemand anderes danach akzeptieren wird. Dieser essenzielle Punkt ist ausschlaggebend bei Geld und wir werden ihn uns immer wieder anschauen, wenn wir von unterschiedlichen Währungen sprechen. Niemand weiß den genauen Zeitpunkt, als Menschen Gold als Geld vertrauten, doch historisch gesehen waren es wahrscheinlich einfach die starken Charakteristika, welche Gold diese Rolle eingebracht haben. Im Laufe der Jahrtausende, in denen Gold dann als primäres Zahlungsmittel funktionierte, wurde dieses Vertrauen zur Gewohnheit und wenn wir heute Menschen fragen, was denn das „beste Geld sei", so kommt ganz oft „Gold" als Antwort. Was würdest du antworten? Wir werden jedoch erkennen, dass Gold gar nicht so gut ist, wie ursprünglich angenommen.

Was ist der inhärente Wert von Gold?

Gold hat KEINEN inhärenten Wert. Gold kann man nicht essen, trinken oder für etwas Lebensnotwendiges verwenden. Der Wert von Gold wird durch das Vertrauen in die Geschichte kreiert: Die Charakteristika von Gold, in den letzten tausenden Jahren als das beste Geld zu funktionieren, wird Gold nicht verlieren, und so wird es das auch weiterhin tun, auch wenn es per se keinen inhärenten Wert hat.

Diese Erkenntnis ist essenziell, gerade wenn wir über weitere Währungen sprechen, welche wir Menschen instinktiv als „schlechter" als Gold einstufen. Wir müssen uns ehrlich die Frage stellen, warum diese Währung schlechter ist – und dürfen uns dabei nicht durch die „Gewohnheit" austricksen lassen: „Nur, weil etwas immer schon so war, wird es auch weiterhin so bleiben" stimmt einfach nur bedingt.

Nachdem Gold für ca. 3.500 Jahre (von 2000 v. Chr. bis 1500 n. Chr.) als primäre Währung verwendet wurde, erkannten Menschen ein paar Nachteile, welche ihnen auf den ersten Blick nicht auffielen:

1. Gold war zwar als reines Material rar, doch gab es genug Fälscher, welche billigere Materialen wie Kupfer beimengten und so Goldmünzen „vermehren" konnten. Für den Durchschnittsbürger war es unglaublich schwer, zu erkennen, wie rein (und damit wie wertvoll) das Gold wirklich war. Man erkannte über die Jahrtausende, dass Gold doch nicht ein so gutes **Wertaufbewahrungsmittel** war, wie ursprünglich angenommen.

2. Gold ist unglaublich schwer, was ja ursprünglich der Grund war, es als Zahlungsmittel zu akzeptieren, da es wenig Platz in Anspruch nahm. Doch vielleicht gab es ja etwas Leichteres, was genau so wenig Platz brauchte, denn Menschen sahen einige Nachteile von Gold als **Transportmedium**.

3. Der dritte Punkt war die Schwierigkeit, Gold zu teilen. Zwei halbe Unzen Gold sind zwar gleich viel Wert wie eine ganze Unze, doch wie bekomme ich die ganze Unze in zwei halbe Unzen? Das war nicht so einfach und so suchten Menschen nach einer besseren **Rechnungseinheit**.

Wie ist Papiergeld verknüpft an Gold?

Ca. im 15. Jahrhundert fanden Menschen eine neue Währung: Geld aus Papier verknüpft an Gold. Papier per se war ja nicht selten, doch es war leicht, gut zu teilen und fälschungssicherer, wenn man es kompliziert genug kreierte. Um dieses Papier jedoch wertvoll zu machen, musste es mit Gold als sogenannter **Schuldschein** verknüpft werden. Wenn du eine Unze Gold zur Bank brachtest, bekamst du einen einzigartigen Schuldschein, der bestätigte, dass du dieses Gold besaßest. Anstatt das Gold als Geld zu verwenden, konntest du nun den Schuldschein als neue Währung mit all den Vorteilen verwenden. Lass uns kurz die drei Charakteristika dieser neuen Währung überprüfen, um zu verstehen ob es als Geld funktionieren könnte, oder nicht:

1. Papier ist per se nicht rar, da es aber an Gold geknüpft ist, kann man es nur so schnell produzieren, wie man Gold im Boden findet. Deshalb ist es rar. Da es auch schwerer zu fälschen war als Gold, ist es sogar ein **besseres Wertaufbewahrungsmittel**.

2. Ein Stück Papier ist viel leichter, aber dennoch nicht größer als die repräsentierte Unze Gold. Es eignet sich daher **besser als Transportmedium**.

3. Man konnte die Schuldscheine in kleineren Denominationen ausgeben als die Unze Gold selbst und so waren diese eine noch **bessere Rechnungseinheit** als Gold.

Die Vorteile lagen auf der Hand: Schuldscheine waren definitiv eine bessere Währung als Gold und so war es auch ein Leichtes, die Bürger zu überzeugen, Vertrauen in diese neue Papierwährung zu haben, welche ja einfach das Gold widerspiegelte. Das Vertrauen war das entscheidendste, denn nur so konnte sich das Papiergeld in den folgenden Jahrzehnten durchsetzen.

Was ist Fiat-Geld?

Wenn du nun heute dein Papiergeld ansiehst, fragst du dich vielleicht, warum so viele Menschen behaupten, dass dieses Geld „schlechter“ als Gold ist, wenn wir doch gerade beschrieben haben, wie gut es ist. Es liegt an einem Trick, der 450 Jahre nach der Einführung der Schuldscheine in den 1920er Jahren gemacht wurde: Zentralbanken auf der ganzen

Welt gaben den sogenannten Gold-Standard auf, in dem jeder Schuldschein an ein Stück Gold geknüpft war und fingen an, dieses Papiergeld einfach vermehrt zu drucken. Die Idee war einfach: Die meisten Menschen wollten ihren Schuldschein eh nie gegen Gold eintauschen. Warum also nicht einfach das Papiergeld vermehren, wo die Menschen diesem Papiergeld blind vertrauten?

Bis heute, knapp 60 Jahre später, ist dies den wenigsten Menschen bekannt: Deine Währung, egal ob Euro oder CHF hat nichts mehr mit Gold zu tun. In der Fachsprache nennt man dieses neue Geld **Fiat-Geld**. Es hat nichts mit der Automarke Fiat zu tun, sondern unterstreicht einfach nur, dass es KEIN Schuldschein für Gold, sondern rein das Vertrauen in die Zentralbank ist, dass sie dieses Geld wieder zurücknimmt. Dies ist ein essenzieller Punkt, denn es stellt sich die folgende Frage:

Was ist Vertrauen in Geld?

Die meisten Menschen denken, dass Vertrauen in Geld dadurch kommt, dass es durch „Gold gedeckt" ist oder nicht. Das ist aber nur bedingt richtig, denn Gold per se hat auch keinen Wert. Das Vertrauen in Geld basiert darauf, ob eine Währung die drei Charakteristika erfüllt oder nicht. Gold macht das und deshalb sehen wir es auch als „Gold-Standard". Schuldscheine, verknüpft an Gold (NICHT gedeckt durch Gold, denn Gold selbst ist durch nichts gedeckt), sind auch eine gute Währung. Durch den Trick der Zentralbanken, die volle Kontrolle über eine Währung zu übernehmen, ändern sich jedoch die drei Punkte nun komplett:

1. Wertaufbewahrungsmittel: Das neue Fiat-Geld ist nur dann ein gutes Wertaufbewahrungsmittel, wenn die Zentralbank nicht einfach neues Geld druckt. Da du das als Bürger nicht machen kannst, baut das Vertrauen in dieses Charakteristikum alleine darauf

auf, dass die Banken und Staaten sinnvoll damit umgehen. In den meisten Fällen passiert das auch, was ist allerdings, wenn ein Staat jedoch eine **Inflation** (Drucken von neuem Geld) hervorruft? Vielleicht hast du schon einmal gehört, dass die jährliche Inflation 4–5 % im Jahr beträgt – dies bedeutet, dein Geld ist jedes Jahr 4–5 % weniger Wert. Nachdem du kein neues Geld drucken kannst, sinkt der Wert deines Geldes und **Fiat-Geld kann also ein gutes aber auch ein schlechtes Wertaufbewahrungsmittel** sein. Es hängt einzig und allein von der Zentralbank ab.

2. Transportmedium: Hier hat sich nichts geändert im Vergleich zu den Schuldscheinen.
3. Rechnungseinheit: Hier hat sich ebenfalls nichts geändert im Vergleich zu den Schuldscheinen.

Durch Fiat-Geld wurde Geld zum ersten Mal zentralisiert.

Was ist Zentralisierung?

Zentralisierung bedeutet, dass eine einzige zentrale Institution wie eine Regierung oder Zentralbank über etwas bestimmt, und nicht mehr etwas Dezentrales wie Gold, über das niemand einfach so regieren kann.

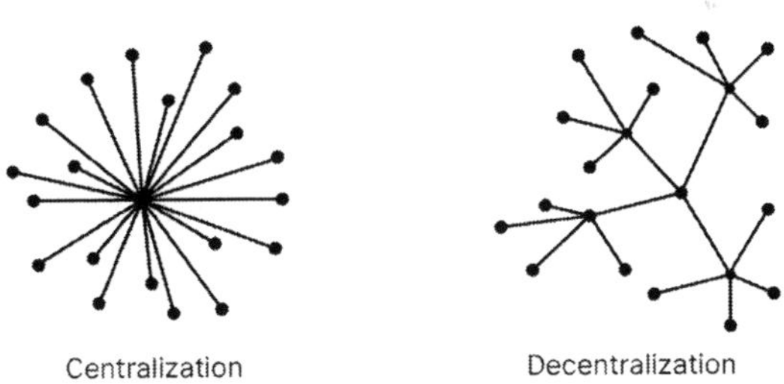

Figure 3

Damit ein Geldsystem funktioniert, müssen drei Dinge geregelt sein:

1. Zugang zu Geld
2. Senden und Empfangen von Geld
3. Menge des Geldes

Bei Gold wurden diese Dinge dezentral geregelt. Niemand und jeder war verantwortlich. Mit Fiat-Geld ist die Zentralbank jeder Regierung für diese drei Punkte verantwortlich. Das Vertrauen von Fiat-Geld im Vergleich zu Gold oder daran verknüpfte Schuldscheine hat sich dadurch komplett geändert: Anstatt den inhärenten Fähigkeiten der Währung zu vertrauen, dass sie, wie die Geschichte gezeigt hat, als Geld funktioniert, muss man nun einer zentralen Organisation vertrauen. In den meisten Fällen passt das auch, doch wie die Geschichte mit den Beispielen zur Reichsmark etc. gezeigt hat, bedeutet „meistens" NICHT „immer".

Diese Zentralisierung nahm einen weiteren Schritt nach vorn, als Geld um die Jahrtausendwende herum immer mehr digitalisiert wurde. Während es im Vergleich zum Handel mit echten Tieren oder Gold viel bequemer ist, Zahlen auf einem Bildschirm zu tauschen, hat digitales Geld einen entscheidenden Nachteil: Die Vermehrung von Tieren oder Gold, um mehr Geld zu bekommen, ist nicht einfach und erfordert Arbeit bzw. Zeit. Das Drucken von mehr Papiergeld ist schon deutlich schneller – solange man natürlich die dafür verantwortliche zentrale Organisation ist. Doch digitales Geld auf einem Bildschirm zu vervielfachen ist so einfach, wie das Hinzufügen einiger Nullen zu einem Kontostand.

Je digitaler das Geld, desto zentralisierter wurde es. Die zentrale Institution entscheidet darüber, wer ein Konto eröffnen kann, wie die Transferlimits gehandhabt werden und wie hoch oder niedrig die Salden der Kontobesitzer sind. Wenn das nicht der Fall wäre, könnte jeder Beteiligte nach Belieben Geld auf seinem Computer vervielfachen. Mit Gold oder physischem Geld war das nicht so einfach möglich, denn etwas Physisches ist eben nicht einfach so „kopierbar".

In den meisten Fällen ist es absolut in Ordnung, dass eine zentrale Institution die Verantwortung innehat. Solange die Leute ihr vertrauen und sie die Macht nicht missbraucht, hat digitales Geld seine Vorteile:

- Lagerkosten und Transport sind im Vergleich zu physischen Gütern wesentlich geringer.
- Wenn du eine 100-Euro-Note hast, kannst du sie nicht einfach halbieren, um zwei 50er zu bekommen. Mit digitalem Geld ist dies einfach nur ein Split in zwei kleinere Teile.
- Digitales Geld ist viel schneller als physisches.
- Das Hinzufügen weiterer Akzeptanzstellen ist einfacher, da der Austausch verschiedener Währungen auf technischer und nicht auf physischer Ebene stattfinden muss.

Die zentralen Institute entscheiden in einem solchen zentralen System jedoch darüber:

- Wann du auf dein Geld zugreifen darfst (zum Beispiel von Montag bis Freitag von 9 bis 17 Uhr)
- Wie viel du bezahlst, um auf dein Geld zuzugreifen (Abhebungs- und Überweisungsgebühren)
- Wie viel Geld du jederzeit haben kannst (Überweisungs- und Abhebungslimits)
- Wer tatsächlich auf das Geldsystem zugreifen darf (Milliarden von Menschen auf der ganzen Welt haben zum Beispiel keinen Zugang zum Bankensystem)
- Wie viel Geld du wirklich auf dem Konto hast (Es gibt genug Länder, auch in der 1. Welt, in denen Kontostände verringert oder Konten eingefroren werden; siehe Zypern, Griechenland und Co.)
- Was die tatsächliche Geldmenge ist (Inflation, Deflation, Zinssätze, usw.)
- etc.

Deshalb stellen sich viele Menschen die Frage, ob dieses Vertrauen in die Zentralbank gerechtfertigt ist und ob es denn nicht möglich sei, zwar ein digitales (also nicht physisch benötigtes) Währungssystem mit all seinen Vorteilen zu haben, wo man jedoch keine zentrale Partei mit all ihren Schattenseiten braucht. Wie sieht denn ein dezentrales System im Detail aus?

Was ist Dezentralisierung?

Ein dezentrales System ist:

1. vollständig offen für jedermann, sich anzuschließen.
2. ganz ohne Grenzen.
3. zugänglich 24/7.
4. mit klaren Regeln, die jeder sehen und verfolgen kann.
5. völlig vertrauenswürdig, denn alles, was du tun musst, ist dem System selbst und eben nicht einer zentralen Partei zu vertrauen.
6. sehr schwierig zu hacken, da keine zentrale Partei das ganze Geld hat.
7. noch sicherer vor Diebstahl durch das Anbieten von Multi-Signature-Möglichkeiten. Es ist nicht ein Safe, den man hacken müsste, um zum Beispiel Gold zu stehlen, sondern man könnte das digitale Geld an unterschiedlichen Orten auf der ganzen Welt platzieren, welche gleichzeitig gehackt werden müssten (mehr dazu noch später).

Während sich all das in der Theorie wirklich gut anhört, müssen wir es mit einem „Gold-Standard" vergleichen, um zu verstehen, ob es auch wirklich als Währung funktionieren könnte:

1. Wertaufbewahrungsmittel: Ein wahres Problem, denn wenn niemand verantwortlich ist, kann jeder Teilnehmer einfach neues Geld drucken. Niemand

kann den anderen kontrollieren. Die Geldmenge ist nicht reguliert, Geld ist NICHT rar und ist daher ein schlechtes Wertaufbewahrungsmittel.

2. Transportmethode: Ausgezeichnet, da es digital ist.
3. Rechnungseinheit: Ausgezeichnet, da es digital ist.

<u>Vertrauen in diese neue dezentrale Währung</u>:

Das Vertrauen kann nur dann entstehen, wenn die essenziellen Punkte eines Geldsystems, wie „Geldversorgung", „Zugang" und „Empfangen und Senden", gelöst werden können und nicht einfach Geld aus dem Nichts erschaffen werden kann. Dies ist ja der Grund, warum wir bisher zentrale Kontrollstellen verwendet haben. Wenn man aber eine Lösung findet, hätten wir ein „nahezu perfektes System". Lange Zeit versuchten Menschen, dieses Problem der „Knappheit" in einem dezentralisierten System, in dem niemand per se verantwortlich war, zu lösen. 2008 war es dann so weit, wie du im nächsten Kapitel lesen wirst.

ARBEITSBUCH

Am Ende eines jeden Kapitels solltest du im Arbeitsbuch die Zusammenfassung der Dinge durcharbeiten, die du in dem jeweiligen Kapitel gelernt haben solltest. Wenn du es noch nicht heruntergeladen hast, solltest du das spätestens jetzt tun. Es hilft dir dabei, den Inhalt noch besser zu verstehen und eventuelle Updates zu inkludieren: www.cryptofit.community/arbeitsbuch

Hier ist ein Beispiel aus dem Arbeitsbuch zu diesem Kapitel:

Was ist Geld?
Was ist eine Währung?
Wie funktioniert Gold als Geld?
Was ist der inhärente Wert von Gold?
Was ist Papiergeld verknüpft an Gold?
Was ist Fiat-Geld?
Was ist Vertrauen in Geld?
Was ist Zentralisierung?
Was ist Dezentralisierung?

KAPITEL 2 – GRUNDLAGEN ZU BLOCKCHAIN UND KRYPTOWÄHRUNGEN

Was bedeutet Double Spending?

Das Double Spending Problem (zu Deutsch: Doppel-Ausgaben-Problem) kann am besten anhand des Beispiels eines Bildes am Handy verstanden werden. Wenn ich es auf Facebook hochlade, habe ich dabei eine Kopie angefertigt und es hat mich im Grunde nichts gekostet. Ich kann es dann zum Beispiel auch auf Instagram hochladen. Wieder ohne nennenswerte Kosten. Ich habe mein Bild nun „doppelt verwendet". Da das niemanden schädlich beeinflusst, interessiert es auch keinen. Es wird deshalb auch nicht überwacht, ob ich es einmal, zweimal oder sogar hundertmal hochlade.

Stelle dir vor, es gibt eine digitale Währung namens Julian-Coin (zu Deutsch: Julian-Münze). Angenommen, Bob hätte einhundert Julian-Coins, und er sendet alle einhundert an Freund A. Nun jedoch macht er es genau wie mit dem Bild und kopiert die einhundert Julian-Coins buchstäblich ohne Kosten und schickt diese zusätzlichen einhundert Julian-Coins an einen anderen Freund. Er hat also das Gleiche wie mit dem Bild gemacht, wo es keinen gekümmert hat. Diesmal interessieren sich jedoch andere, weil Geld eine Form von Wert und Vertrauen darstellt. Normalerweise würde eine Bank sichergestellt haben, dass er es nicht doppelt hätte ausgeben können. Wenn wir jedoch die im vorherigen Kapitel besprochene dezentralisierte (also OHNE zentrale Institution) Lösung haben wollen, müssen wir einen Weg finden, solche Doppelausgaben zu vermeiden, ohne eine zentrale Kontrollinstanz zu haben.

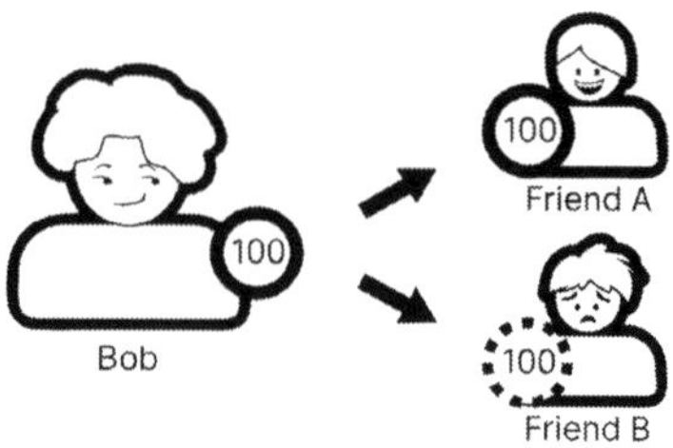

Figure 4

WICHTIG

Double Spending bedeutet, etwas doppelt ausgeben zu können, und galt bis 2008 nur durch eine zentrale Institution als lösbar.

Im Jahr 2008 veröffentlichte ein gewisser Satoshi Nakamoto eine Lösung zu diesem Problem in dem Whitepaper „Bitcoin: Ein elektronisches Peer-to-Peer-Cash-System" (https://bitcoin.org/bitcoin.pdf). Niemand weiß, wer dieser Satoshi Nakamoto ist, woher er kam und ob es ihn überhaupt gibt. Zahlreiche Theorien – von einer Einzelperson über Gruppen bis hin zur CIA – wurden bereits aufgestellt und wieder widerlegt. Doch egal, wer er/sie war, die bahnbrechende Idee in dem achtseitigen Artikel ist die Einführung einer Blockchain, um dieses Double-Spend-Problem zu vermeiden.

Was ist eine Blockchain?

Eine Blockchain ist eine vollständige und unveränderliche Transaktionshistorie aller Transaktionen einer dezentralen Community, der jeder, der Teil davon ist, zustimmt.

Diese Transaktionshistorie wird in regelmäßigen Zeitabschnitten aktualisiert. Jeder Teilnehmer der dezentralen Community akzeptiert sie als Realität, speichert sie auf seinem eigenen Computer ab und kann so jederzeit sicherstellen, dass niemand Ausgaben doppelt machen kann, da dies andersweit zu einem Konflikt in der Transaktionshistorie führen würde.

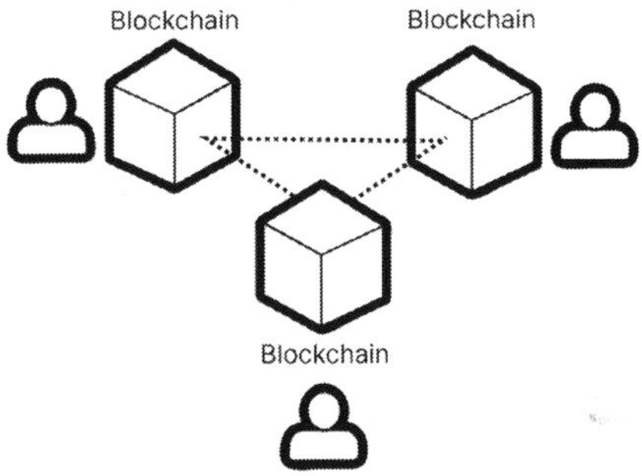

Figure 5

Wie stehen Blockchain und digitale Währungen zueinander?

Die Blockchain Technologie bietet die Grundlage zur Existenz einer dezentralen digitalen Währung. Eine solche Währung ist eine der Anwendungen, die aufgrund einer Blockchain ausgeführt werden kann, es gibt jedoch noch viele andere Anwendungen wie zum Beispiel Eigentum, Identifikation, Kommunikation usw., die alle eine zentrale steuernde Partei loswerden wollen.

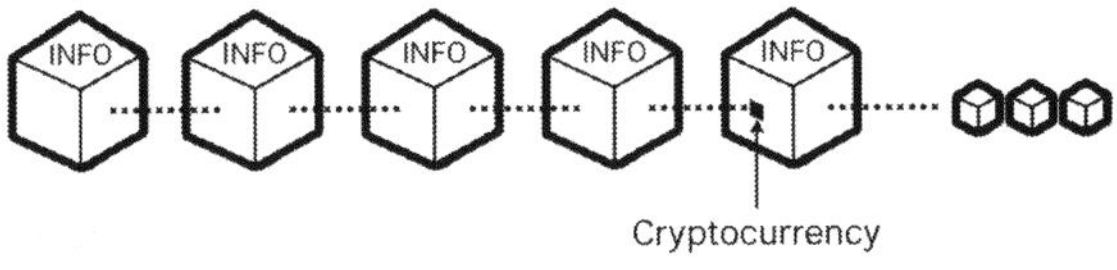

Figure 6

Was ist eine Kryptowährung?

Eine Kryptowährung ist eine digitale Währung auf der Blockchain, bei der jede Regel oder Regulierung in den kryptographischen Algorithmus programmiert wird. Die Kombination von Krypto-graphie und -währung gibt dieser neuen Art von Geld den Namen: Krypto-währung. Es bedeutet im Grunde nichts anderes als eine Währung, die durch Kryptographie gesichert und rar gemacht wird. Genau das, was sonst die zentrale Institution machen würde.

Hier ein wenig Nomenklatur:

Blockchain: ist die unveränderliche Transaktionshistorie einer dezentralisierten Community.

Kryptowährung: Eine Applikation der Blockchain-Technologie, um mit Hilfe einer Blockchain Informationen zur Währung per Kryptographie zu sichern.

Bitcoin (Großbuchstabe B): wird verwendet, um die Idee und das Konzept der ersten dezentralen Kryptowährung auf einer Blockchain zu benennen.

bitcoin(s) (Kleinbuchstabe b): ist die Währungseinheit von Bitcoin.

Zum Beispiel: „Thomas hat etwas über Kryptowährungen gelernt, aber er ist mehr an der Technologie der Blockchain interessiert als an einer bestimmten Anwendung. Dennoch glaubt er an Bitcoin und hat sich 12,7 bitcoins gekauft."

Was war die erste dezentralisierte Währung?

Auch wenn Bitcoin als erste Kryptowährung gilt, so war es NICHT die erste dezentrale Währung. Es gab mehrere Kulturen auf der ganzen Welt, die sich weigerten, ein zentralisiertes Währungssystem zu besitzen. Während es sehr schwer zu sagen ist, welches davon das größte oder erste war, ist das System der Rai-Steine auf der Insel Yap sicherlich eines der faszinierendsten und beschreibt gleichzeitig das Konzept einer Blockchain und von Dezentralisierung auf leicht verständliche Art und Weise.

Auf der Insel Yap gab es nicht allzu viel Gold. Um trotzdem eine Währung zu haben, zu der jeder Zugang hatte, über die aber keiner die alleinige Kontrolle hatte, begannen sie, riesige runde Steine zu produzieren, welche dann als Währung verwendet wurden. Theoretisch hätte jeder Insulaner diese Steine selbst produzieren können, doch meistens wurde es zu einer spezialisierten Aufgabe, die von wenigen ausgeübt wurde, während die anderen es vorzogen, Produkte oder Dienstleistungen zu verkaufen, um so solche Steine als Bezahlung entgegenzunehmen. Somit war das System für alle offen, jeder hatte die gleichen Rechte und niemand war mehr oder weniger wert als jemand anderes in der Community.

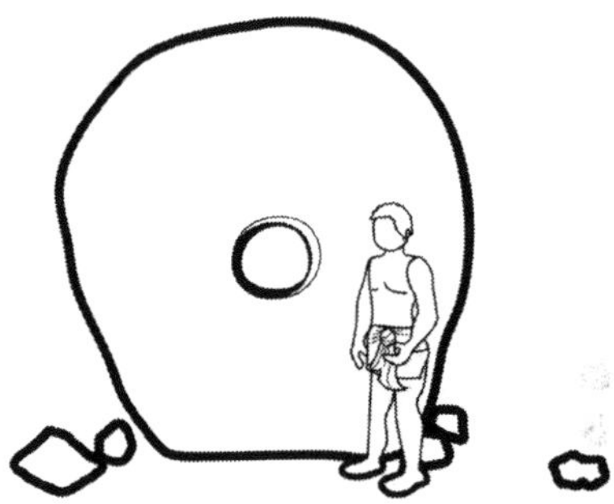

Figure 7

Wenn man sich jedoch die Kriterien für eine Währung ansieht, erkennt man ein buchstäblich großes Problem: den Transport dieser Steine. Es war ein Albtraum, diese von einem Ort zum anderen zu transportieren, da sie ja mit Absicht so groß gemacht wurden, um die Produktion zu erschweren, damit sie, wie es für eine Währung notwendig ist, rar waren. Die Lösung? Anstatt die Steine zu transportieren, begannen die Inselbewohner, die Steine an spezifischen Orten wie zum Beispiel vor einer Kirche, einem bestimmten Haus usw. zu lagern, und dann den Besitz eines Steins bei der Bezahlung weiterzugeben. Dies funktionierte, indem ein Insulaner nach einem Bezahlvorgang alle anderen auf der Insel informierte, wem er gerade einen der Rai-Steine gegeben hatte. Es wurde also NICHT der Stein, sondern das Wissen darüber, wer einen Stein besaß, weitergegeben. Der Stein selbst blieb immer am selben Platz. Nun waren die Steine eine hervorragende dezentrale Währung, da sie eine Wertaufbewahrungsmethode, eine gute Transportmethode und eine für die Insulaner einfache Rechnungseinheit waren. Die Währung basierte auf einem dezentralisierten System, bei dem jeder Insulaner wusste, wer tatsächlich einen bestimmten Stein besaß, und so konnte niemand ein Double Spending durchführen.

Wenn man das Konzept der Kryptowährungen betrachtet, erkennt man, wie ähnlich dieses Konzept der Rai-Steine zu diesen neuartigen digitalen Währungen ist. Mit dem Unterschied, dass Rai-Steine physisch und Kryptowährungen digital sind. Deswegen brauchen Kryptowährungen eine Blockchain, die ein Double Spending verhindert, da durch sie der Besitz eines Coins von jedem Teilnehmer nachvollziehbar ist. Auf Yap wurden die drei Aufgaben eines Geldsystems (Zugang zu Geld, Geldtransport und -empfang und Geldversorgung) dezentralisiert, indem die Rai-Steine schwer zu produzieren und über das Wissen, nicht den eigentlichen Transport „leicht zu transportieren" waren. Kryptowährungen müssen diese Funktionen ebenfalls lösen. Lass uns diese Punkte nun Schritt für Schritt durcharbeiten.

PS: Vergiss nicht, im Arbeitsbuch die Punkte nach jedem Kapitel zum vertieften Verständnis durchzuarbeiten.

KAPITEL 3 – PRIVATE KEYS UND PUBLIC ADDRESSES

Das erste Problem, das wir in einem digitalen Währungssystem lösen müssen, ist ein Kontensystem.

Wie funktioniert dezentrales Account Management?

Im Bankwesen erhält man bei einer Kontoeröffnung eine Kontonummer, damit Menschen einem Geld senden können. Diese Bankkontonummer ist einzigartig. Es gibt niemanden, der die gleiche Nummer hat. Andernfalls erhält jemand anderes und nicht man selbst eine Überweisung. Dasselbe funktioniert mit E-Mails: Wenn man sich zum Beispiel bei Gmail oder GMX anmeldet, prüft der Dienst, ob die E-Mail-Adresse bereits zuvor vergeben wurde, um einen Adresskonflikt zu vermeiden. Dies funktioniert nur, weil Dienste wie eine Bank oder E-Mail-Anbieter zentralisierte Dienste sind. Solange diese ihre Arbeit zuverlässig machen, ist alles gut, und wir schenken ihnen unser Vertrauen. Aber was, wenn die Bank beschließt, dein Konto zu schließen, PayPal deinen Account einfriert oder du nicht mehr auf deine E-Mails zugreifen kannst? All diese Dienste können das, weil sie ein zentralisiertes Account Management mit all den dazugehörigen Vor- und Nachteilen haben.

In einem dezentralisierten System können die zuvor genannten Szenarien nicht passieren, weil es keine zentrale

Partei gibt, die die Datenbank der Konten kontrolliert. Man kann dich nicht ausschließen oder dir irgendetwas nehmen. Wie vermeidet man in einem solchen dezentralen System jedoch, dass zwei Personen dieselbe Nummer beim Anmelden bekommen? Es gibt ein paar tolle Fortschritte in der Blockchain Technologie, die den meisten Menschen nicht bewusst sind. Die Lösung des Account Managements durch Kryptographie ist eines der Dinge, die hier definitiv dazu gehören und mit Hilfe eines **Private Key** (zu Deutsch: geheimes Passwort) und einer **Public Address** (zu Deutsch: öffentlichen Adresse) funktionieren.

Was ist ein Private Key und eine Public Address?

Da es in einem dezentralen System keine Datenbank geben kann, die abgleicht, ob ein Konto bereits vergeben wurde oder nicht, erhält man bei einer „Neukundenregistrierung" einfach ein Konto nach dem Zufallsprinzip. Im Beispiel von Kryptowährungen bezeichnet man diese Nummer als Private Key.

Im Falle von Bitcoin, der bekanntesten Kryptowährung, gibt es 2^{256} (2 hoch 256) Möglichkeiten für einen Private Key. Das ist eine unglaublich große Zahl – eine 1 gefolgt von achtzig Nullen – ist circa dieselbe wie Atome im sichtbaren Universum:

100.000.000.000.000.000.000.000.000.000.000.000.000.000.000.0
00.000.000.000.000.000.000.000.000.000.000.000.000

Normalerweise wird dieser Private Key nicht als Zahl angezeigt, sondern in seiner hexadezimalen Form aus 64 Ziffern und Buchstaben. Zum Beispiel so:

E9873D79C6D87DC0FB6A5778633389F4453213303DA61F20BD67FC233AA33262

Theoretisch könnte man sich auch hinsetzen und einen Private Key selbst generieren. Da es 2^{256} Möglichkeiten im Falle von Bitcoin gibt, braucht man lediglich ein Papier, einen Stift und eine Münze. Da die Münze 2 Seiten hat und beim Werfen wie ein Zufallsgenerator funktioniert, kann man sie wie einen binären Code verwenden: Kopf ist 0 und Zahl ist 1. Man wirft die Münze nun 256-mal und schreibt jedes Mal die 0 oder 1 auf das Blatt Papier. Man bekommt so einen 256-stelligen Binärcode für eine Zufallszahl, bestehend aus Nullen und Einsen, den man dann in einen Bitcoin Private Key in hexadezimaler Form umwandeln kann:

01010101010111010101110010101010101010100
101010100101010101001 ...

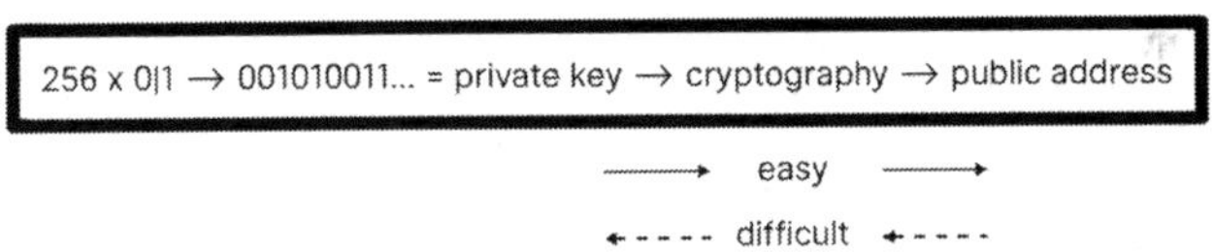

Figure 8

Anstatt diesen Private Key selbst zu erzeugen, lassen die meisten Menschen eine Software, Wallet (zu Deutsch: Geldtasche) genannt, diesen Private Key per Zufallsgenerator erzeugen. Dieser Private Key funktioniert ähnlich wie ein E-Mail-Passwort, um sich beim E-Mail-Konto anzumelden und dann eine E-Mail zu verschicken, oder wie der Code, um Geld vom Bankkonto zu versenden. Der riesen Unterschied in einem dezentralen System ist jedoch der folgende: Anstatt sich die E-Mail-Adresse selbst auszuwählen, wird im Falle einer Kryptowährung die sogenannte Public Address mathematisch vom privaten Schlüssel abgeleitet. Stell dir das so vor, als ob du bei GMX oder Gmail nur ein Passwort eingeben müsstest, weil diesem spezifischen Passwort bereits eine spezifische E-Mail-Adresse zugewiesen wurde. Wenn du dies das erste Mal liest, vergegenwärtige dir das noch einmal kurz, denn es ist wirklich unglaublich wichtig.

Eine Bitcoin-Adresse startet zum Beispiel mit einer 1 oder 3 und besteht aus 34 Zahlen und Buchstaben. Zum Beispiel so:

1HFSx5TPYYzQTQmBXeJNcMhUDT6FNGF11q

Dies ist eine zufällige Adresse, schick also kein Geld dorthin!

Bei Bitcoin erhält man die Public Address eines Private Keys über verschiedenste kryptographische Formeln, wie zum Beispiel Elliptic Curve Cryptography, SHA256- und RIPEMD160. Wenn du das genaue Funktionsprinzip wissen möchtest, gehe einfach auf Google und suche nach „Julian Hosp Kryptographie". Ich habe viele Videos und Blogbeiträge, in denen ich auf diese Dinge im Detail eingehe.

GEEKY

Falls es dich interessiert, so funktioniert der genaue Algorithmus bei Bitcoin, um von einem Private Key zur Public Address zu gelangen. Dies ist aber NICHT wichtig fürs Verständnis:

1. Starte mit einer zufälligen Zahl zwischen 1 und 2256.
2. Appliziere Elliptic Curve Cryptography, wobei der Private Key der „Multiplier" ist.
3. Jetzt hast du den dazugehörigen Public Key – es ist aber nur ein Zwischenschritt.
4. Führe eine sogenannte „Hash160"-Funktion aus, indem du zuerst eine SHA256-Funktion und dann eine RIPEMD160-Funktion kombinierst.
5. Mach einen Base58Check als sogenannte „CheckSum", ähnlich wie bei einer Kreditkarte.
6. Jetzt hast du die Public Address.

GEEKY OFF

Das Wichtige an den verwendeten mathematischen Funktionen ist einfach nur, dass es nahezu unmöglich ist, ein „Passwort" (Private Key) zu erraten, wenn man nur die dazugehörige „E-Mail-Adresse" (Public Address) kennt. Es ist jedoch mathematisch sehr einfach, die Public Address zu wissen, wenn man den Private Key kennt, welcher diese Public Address erstellt. Wenn du es ein bisschen einfacher und bildhafter haben willst, stell dir vor, der Private Key ist eine Zufallszahl und die daraus folgende Public Address die zweite Potenz. Wenn also dein Private Key 8 wäre, ist deine Public Address 8^2, was 64 ist. Dies ist etwas, was die meisten von uns noch auf einem Stück Papier selbst errechnen könnten. Theoretisch wäre das eine Private-Key-zu-Public-Address-Berechnung, bei Bitcoin funktioniert das natürlich um ein Milliardenfaches schwerer. Doch selbst beim reinen Potenzieren ist der Umkehrweg schon deutlich aufwendiger zu berechnen. Wenn ich dir zum Beispiel sage, dass meine Public Address 289 sei, könntest du den Private Key daraus berechnen, indem du die Quadratwurzel ziehst? Wenn du keinen Taschenrechner zu Hand hast, ist der einzige Weg, dies durch aufwendiges Probieren herauszufinden. Quadratwurzel von 289? 15? Nein, zu klein. 20? Nein, zu groß. Irgendwo in der Mitte also. 17? Korrekt.

Das Gleiche gilt für ein sogenanntes Private Key – Public Address-Paar: Es ist einfach, eine Public Address aus einem Private Key zu errechnen, aber es ist buchstäblich unmöglich, einen Private Key von einer Public Address zu erraten. Das Beispiel des Quadrierens zuvor war nur eine Vereinfachung. Wie bereits erwähnt, ist der tatsächliche Prozess bei Kryptowährungen milliardenfach härter. Selbst wenn man alle existierenden Computer kombinieren könnte, um den dazugehörigen Private Key einer Public Address zu erraten, würde das Universum eher zu Ende gehen, als dass diese die Lösung finden würden.

Im Falle der meisten großen Kryptowährungen ist es buchstäblich so schwer, einen solchen Private Key zu erraten, dass es statistisch gesehen wahrscheinlicher ist, dass man auf eine Wand zulaufen könnte und alle Atome des Körpers einen so genannten Quantum Tunneling-Effekt starten. Man könnte dann einfach durch die Wand gleiten, ohne diese jemals zu berühren. Ich weiß nicht, ob du es jemals selbst erlebt oder jemanden anderen dabei gesehen hast, wie sich der Körper einfach so durch die Wand beamt. Nein? Ich auch nicht und um ehrlich zu sein, ist es praktisch unmöglich. Doch immer noch wahrscheinlicher, als den Private Key zu erraten, bzw. den gleichen Private Key für zwei Personen zu generieren. Die Sorge, dass jemand den selben Private Key erhält wie du bzw. dass jemand deinen Private Key erraten kann, ist also komplett hinfällig. Wenn du mir nicht glaubst, versuche, durch Wände zu laufen. Erst wenn du dich durchteleportieren kannst, solltest du anfangen, dir über deinen Private Key Sorgen zu machen ☺.

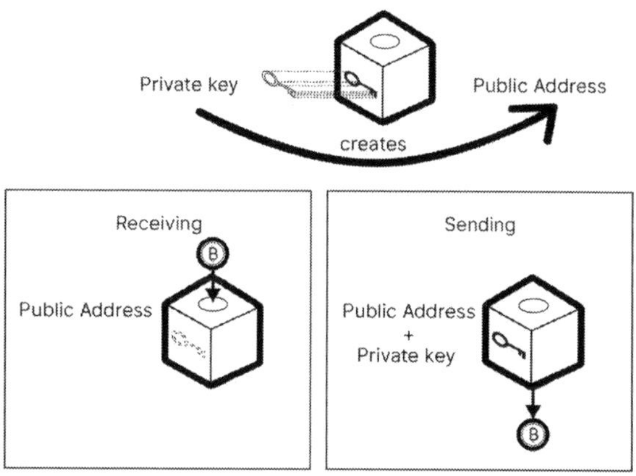

Figure 9

Dezentrale Systeme haben einen interessanten Sicherheitsnebeneffekt: Da es keine Datenbank gibt, welche alle Konten und Passwörter speichert, gibt es keinen zentralen Angriffspunkt. Man könnte also die folgende Frage stellen: „Was ist sicherer, um eine Milliarde Euro aufzubewahren: Ein Safe (zentrale Datenbank), wo jeder weiß, wo er ist und man versuchen muss, durch die Firewalls zu kommen, um die Milliarde zu erhalten, oder eine Milliarde Euro, welche in einer von 2^{256} (eine Zahl beginnend mit 1 gefolgt von achtzig

Nullen) Boxen liegt, wo die Box zwar nicht verschlossen ist, man aber nicht weiß, welches die Box ist?". Angriffe, bei denen Gelder, Daten oder sonstige Dinge Hackern in die Hände gefallen sind, zeigen, dass zentrale Systeme deutlich anfälliger sind. Im Falle von Bitcoin zum Beispiel ist seit der Entstehung 2009 bis heute kein Fall bekannt, wo ein Private Key, welcher vom Besitzer korrekt erstellt wurde, „gehackt" worden ist. Wenn Medien vom „Hack von Blockchains" sprechen, sprechen sie davon, dass Menschen ihren Private Key nicht korrekt abspeichern und Hacker diesen auf einem Computer oder Handy ablesen und so bekommen. Weiters gibt es Fälle, wo Menschen einen getürkten Zufallsgenerator bei der Erstellung verwendet haben, und ihnen so der Private Key gestohlen wurde. Gerade deshalb ist es wichtig, im Kapitel über Wallets ganz besonders aufzupassen, damit diese Dinge nicht passieren. Es ist normalerweise super einfach, mit seinem Private Key sicher umzugehen und dadurch „unhackbar" zu sein, solange man sorgfältig damit umgeht. Genau deshalb liest du ja auch dieses Buch – um #CRYPTOFIT zu werden.

TIPP

Verwende im Kryptowährungsbereich vor allem Services, welche Open Source sind. So verhinderst du eine Vielzahl an Problemen.

Was bedeutet Open Source?

Open Source bedeutet, dass der eigentliche Code, der wie ein Programm oder auch eine Blockchain geschrieben wird, öffentlich verfügbar ist und von jedermann abgerufen und überprüft werden kann. Dies ermöglicht anderen, Code Tests durchzuführen, Verbesserungsvorschläge zu machen bzw. zu warnen, wenn Dienste fehlerhaft oder sogar bösartig sind. Bei Blockchain und Kryptowährungen ist dieser Aspekt für eine offene und integrative Gemeinschaft von wesentlicher Bedeutung.

Wofür brauchen wir eigentlich einen Private Key und eine Public Address? Jeder darf deine Public Address (E-Mail-Adresse) kennen, damit du Geld erhalten kannst, aber du darfst niemanden deinen Private Key (E-Mail-Passwort) geben, da sonst jeder Geld von deiner Public Address versenden könnte. Genauso wie jeder eine E-Mail an dich senden kann, wenn er deine E-Mail-Adresse weiß, aber nur die Person mit dem Passwort zu dieser E-Mail auch E-Mails von dort senden kann. Ja, mir ist schon klar, dass einige Hacker versuchen, durch Phishing-E-Mails eine Adresse vorzutäuschen, aber du verstehst durch dieses Beispiel den Unterschied und damit die Wichtigkeit von Private Key und Public Address.

Der Hauptvorteil ist, dass dieses System 100 % integrativ ist. Es erlaubt buchstäblich jedermann oder jedem Etwas, einer Blockchain-Gemeinschaft beizutreten. Nichts und niemand kann etwas blockieren, da man nur einen Private Key generieren und die Public Address daraus ableiten muss. Egal welche Rasse, welches Geschlecht, welches Alter oder welche Herkunft. Es gibt keinen Ausschluss und man kann es auch nicht blockieren, da man es theoretisch auch per Hand mit Münze, Papier und Bleistift machen kann. So wird hoffentlich klar, wie wertvoll diese Funktion ist, insbesondere wenn man all jene Regionen der Welt betrachtet, in denen herkömmliche Bankensysteme noch sehr begrenzt und nur bestimmten elitären Gruppen zugänglich sind.

WICHTIG

Die wichtigste Lektion, die du aus diesem Kapitel mitnehmen MUSST, ist NIEMALS – und ich meine wirklich NIEMALS – irgendjemandem deinen Private Key zu geben. Die Person, die einen Private Key besitzt, kontrolliert das Geld, das an die dazugehörige Public Address gesendet wird.

Ich kann diese Tatsache nicht oft genug betonen. Es bedeutet einerseits, dass du deinen Private Key immer sicher aufbewahrst, doch auch, dass du dich nicht von

Phishing-Websites austricksen lässt und sie deinen Key stehlen. Beides werden wir in den nächsten Kapiteln noch im Detail besprechen. Ein Beispiel vorab: Es gibt Websites, die dir speziell aussehende Public Addresses verkaufen (du kannst zum Beispiel deinen Namen in der Adresse haben, wie hier: 1HFSx5JULIANHOSPXeJNcMhUDT6FNGF11q). Das funktioniert, indem diese Webseiten die Billionen von Private Keys versuchen, bis sie eine so speziell aussehende Public Address finden. Denke daran, man kann nicht einfach den Private Key von einer Public Address ableiten, sondern man muss ewig herumprobieren. Während eine solche Adresse zwar beeindruckend aussieht, so besteht ein immenses Sicherheitsrisiko bei der Nutzung solcher Dienste: Die Webseite muss deinen Private Key kennen und wenn eine Sicherheitslücke besteht, wird dieser Private Key von Angreifern ausgelesen. Sobald jemand deinen Private Key kennt, ist es so, als ob er dein E-Mail-Passwort kennt.

In diesem Kapitel haben wir über die Kryptographie der Private Key und Public Address-Paare gesprochen und wie diese bei Kryptowährungen für ein dezentrales Account Management zur Anwendung gelangen. Nachdem auf diese Weise jeder Teilnehmer ein oder mehrere Konten in einer dezentralen Community bekommen kann, müssen wir als nächstes eine Lösung finden, um Geld in einem System zu versenden und zu empfangen, ohne dass es eine zentrale Partei gibt, welche das überwacht. Es ist die Lösung zur Frage, wie man Double Spending in einem dezentralen System mit Hilfe einer Blockchain vermeidet. Hier kommt ein Prozess namens „Mining“ ins Spiel.

KAPITEL 4 – MINING

Mining ist eines der am meisten missverstandenen Dinge in puncto Kryptowährungen. Die meisten Leute glauben, dass Mining ein Prozess ist, in dem eine Kryptowährung erstellt wird. Das ist jedoch größtenteils falsch.

Was ist Mining?

Mining ist ein Prozess in einem dezentralen System, um Konsens zu kreieren.

Was ist Konsensus?

Konsensus bedeutet Zustimmung und ist die Einigung darüber, was passiert ist und was nicht. In einem zentralen System erledigt das die zentrale Institution – mit all ihren Vor- und Nachteilen. In einem dezentralen System entscheidet die Gemeinschaft. Um keine Unstimmigkeiten zu haben, wird „Mining“ als eine der Möglichkeiten verwendet.

Was sind User, Nodes und Miner?

In dezentralen Systemen gibt es meist drei unterschiedliche Arten von Teilnehmern:

User – U (zu Deutsch: Nutzer) oder auch oft Light-Nodes genannt: Dies ist der Großteil der Teilnehmer. Sie wollen

Zahlungen tätigen und empfangen und sich sonst um nichts kümmern müssen. Meist speichern sie auch NICHT die gesamte Blockchain. Dies funktioniert, indem sie ihre Intention, eine Zahlung zu tätigen, an sogenannte Nodes und Miner schicken, welche diese Information weiterleiten, um Konsensus im gesamten Netzwerk zu erzeugen. Dafür bezahlen User eine sogenannte Mining-Fee (zu Deutsch: Mining-Gebühr).

Full-Nodes oder einfach nur Nodes – N (zu Deutsch: Knotenpunkte): Sie erhalten Informationen von Usern und anderen Nodes, überprüfen diese und leiten sie danach weiter. Sie speichern außerdem die gesamte Blockchain, um sicherzustellen, dass eine volle Dezentralisierung besteht.

Miner – M (der deutsche Begriff „Schürfen" bezieht sich auf Gold und ist ein bisschen irreführend, wie du noch lernen wirst): Sie überprüfen und verifizieren Transaktionen, welche Nutzer durchführen möchten. Sie sind diejenigen, die initialen Konsensus erzeugen.

Theoretisch kann ein Teilnehmer alle drei Rollen übernehmen: Die Transaktionen als Miner checken, Infos als Node an andere weiterleiten und das System selbst als User nutzen. In den meisten Blockchains sind diese Rollen spezialisiert und meist voneinander getrennt. Viele Nodes sind lediglich als Kontrollstellen eingerichtet und tätigen nicht wirklich Transaktionen. Die meisten Benutzer, die eine Kryptowährung verwenden, treten als User zum Senden und Empfangen von Geld bei. Sie überlassen es anderen (Minern), sicherzustellen, dass die Transaktionen der Community korrekt sind und dass die Nodes die Transaktionen innerhalb des Netzwerks weiterleiten, sodass jeder die gleichen Informationen darüber hat, wie der Transaktionsverlauf (Blockchain) aussieht. Bei wenigen Teilnehmern ist das einfach vorstellbar, doch wie funktioniert das, wenn Millionen oder in Zukunft Milliarden Teilnehmer gleichzeitig Transaktionen vollbringen wollen. Wie wird sichergestellt, dass es zum Konsensus kommt?

Wie entsteht Konsensus in einer Blockchain?

Sobald man sich entscheidet, eine Zahlung an jemanden zu senden, muss man den Private Key nutzen, um diese Transaktion zu „signen" (zu Deutsch: unterschreiben). Dies bedeutet im Grunde nichts anderes als, dass man eine andere Public Address angibt, an die man das Geld senden will, und als Bestätigung, dass man das auch von seiner eigenen Adresse, wo zuvor Geld eingegangen sein muss, mit dem eigenen Private Key „signed". Da man nur selbst den Private Key haben sollte, kann dies sonst niemand anderes machen. Es gibt keine zentrale Behörde, an die man das senden muss, sondern man verbreitet die Infos an alle umliegenden Nodes und Miner. In der Praxis braucht man das als User nicht selbst machen, da dies die Wallet-App automatisch übernimmt. Die Miner und Nodes leiten diese Information dann an andere Nodes und Miner weiter, die wiederum das Gleiche tun. Diese sich exponentiell verbreitende Welle an Informationen erreicht innerhalb weniger Millisekunden das gesamte Netzwerk der dezentralen Community.

Jedes Mal, wenn ein Miner eine Transaktion erhält, prüft er, ob die Transaktion tatsächlich korrekt ist. Er prüft nach, ob korrekt mit dem Private Key „gesigned" wurde, an welche Public Address die Transaktion gehen soll und ob der Sender überhaupt genug Coins zum Senden hatte. Da es jede Sekunde mehrere Transaktionen gibt, kann man den Miner mit einem Bonus belohnen, damit er die eigene Transaktion schneller bearbeitet. Theoretisch muss man keine Gebühren zahlen, doch da es so viele Transaktionen gleichzeitig gibt, würden Miner die eigene Transaktion erst sehr spät (in Jahren) bearbeiten.

Jede gute Kryptowährung verfügt über eine Reihe von kryptographischen Regeln, die sicherstellen, dass Miner keine gefälschten Inhalte erstellen oder bestehende Infos verändern können. Zum Beispiel können sie nicht einfach gefälschte Transaktionen erstellen, wie, sich selbst Millionen von Euro anrechnen zu lassen, oder sie können auch nicht einfach deine Transaktion an jemanden anderes weiterleiten. Deshalb auch Krypto-währung, da das Vertrauen nicht in eine zentrale Bank, welche dies übernehmen würde, sondern in die Kryptographie besteht. Als Zusatzinfo: Diese hat bisher KEIN einziges Mal versagt.

Was sind Konsensus-Mechanismen?

Wie wird nun entschieden, welcher Miner die Transaktionsgebühr bekommt? Denn es kann diese nur einer bekommen. Außerdem, was passiert, wenn man ein Double Spending versucht, indem man erst eine Transaktion an einen Miner schickt und dann eine andere Transaktion mit dem selben Geld nur eine Millisekunde an einen anderen? Diese beiden haben sich ja noch nicht austauschen können und so wären entgegengesetzte Informationen im Netzwerk vorhanden. Einmal hat man es zum Beispiel Person A und einmal Person B geschickt. Welcher Miner hat nun Recht? Ein rein demokratisches Abstimmungssystem wäre viel zu chaotisch und würde viel zu lange dauern. Die Lösung dazu lautet, dass man den Konsensus in Zeitblöcke unterteilt, in welchen jeweils per Zufall ein Miner ausgewählt wird, der dann bestimmen kann, welche Transaktionen er während dieses Blocks als Konsensus ausgewählt hat.

Was Konsensus-Algorithmen in einem dezentralisierten System erreichen müssen, sind die folgenden Dinge:

1. Vermeidung von Informationskonflikten, also dass ein Miner sagt, eine Transaktion wurde an Adresse A, und ein anderer Miner behauptet, sie wurde an B geschickt.
2. Nachdem der Miner, der auswählen darf, per Zufall ausgewählt worden ist, muss es Kosten kreieren, ein Miner zu sein. Sonst würde man eine „Sybil Attacke" fahren, in der man eine Vielzahl an Miner kostenlos

kreiert, so mit einer hohen Wahrscheinlichkeit gewinnt und immer auswählen darf, was passiert ist und was nicht. Dies entspräche einer Zentralisierung.

3. Gleichzeitig müssen finanzielle Anreizmechanismen existieren, sodass trotz der Kosten, ein Miner zu sein, so viele Menschen wie möglich an der Konsensus-Kreierung teilnehmen, um eine Zentralisierung zu verhindern.

Es sind zwar viele neue Modelle im Entstehen, doch es haben sich die folgenden drei Möglichkeiten als Konsensus-Mechanismus entweder in Kombination oder alleine bewährt:

1. Proof of Importance (zu Deutsch: Wichtigkeitsnachweis)
2. Proof of Stake (zu Deutsch: Geldnachweis)
3. Proof of Work (zu Deutsch: Arbeitsnachweis)

1. Proof of Importance

Proof of Importance ist bisher die am wenigsten verwendete Methode zur Konsensbildung, könnte jedoch in den kommenden Jahren aufgrund einiger Vorteile mehr und mehr übernommen werden. Durch einen Nachweis an Wichtigkeit kann ein Teilnehmer bestimmen, welche Transaktionen stattgefunden haben und welche nicht. Im Gegenzug erhält er meist einen finanziellen Anreiz. Da die Person nicht der einzige Teilnehmer mit Wichtigkeit sein wird, ist es eine probabilistische Verteilung, wer wann wie oft das Sagen hat.

Wie etabliert sich die Wichtigkeit? Verschiedene Kryptowährungen haben dafür unterschiedliche Berechnungsmodelle, wie zum Beispiel die Zeitdauer, seit der ein Teilnehmer Teil eines Systems ist, kombiniert mit der Anzahl anderer Teilnehmer, welche bereit sind, sich mit diesem Teilnehmer zu vernetzen. Dies ist den Social Media Dynamiken sehr ähnlich. Man vertraut eher der Freundschaftsanfrage von jemandem auf Facebook, der bereits seit einiger Zeit dort angemeldet ist, ein korrekt aussehendes Profil hat und bei dem viele der eigenen Freunde bereits mit diesem Freund verbunden sind. In der Welt der Dezentralisierung ist es mit der „Wichtigkeit" ähnlich. Je mehr man einem Teilnehmer vertraut, desto höher seine Wichtigkeit und desto einflussreicher seine Abstimmung.

Der Vorteil dieses Systems ist, dass buchstäblich jeder, egal ob arm oder reich, ein hohes Maß an Bedeutung erreichen kann – ähnlich wie auf Social Media. Der Nachteil ist, dass dieses System durch das bloße Erstellen von betrügerischen Teilnehmern, die dann füreinander abstimmen, geschwächt werden kann. Ähnlich wie ein gefälschtes Social Media-Konto, dem die Leute folgen, nur weil viele andere es verfolgen, obwohl es eigentlich fake ist. Aus diesem Grund nutzen noch nicht allzu viele Blockchain-Algorithmen diesen Mechanismus und es braucht wahrscheinlich noch einige zusätzliche Funktionen, um besser skalieren zu können und dadurch mehr Anklang zu finden.

2. Proof of Stake

Das Konzept der Wichtigkeit kann einen Schritt weiter genommen werden, wo Geld der Wichtigkeit entspricht. Wer mehr Geld im System kontrolliert, bekommt automatisch mehr Bedeutung. Wie man sich vorstellen kann, hat dieses System viele Kritiker, da es die Frage aufwirft, wie ein solches Netzwerk dezentralisiert bleiben kann. Schlussendlich teilen sich dabei wenige Reiche die gesamte Konsensus-Macht. Bisher verwenden nur wenige Blockchains diesen Konsensus-Mechanismus, doch für die wenigen, die das tun, scheint es überraschend gut zu funktionieren. Das Risiko, dass eine Gruppe von wenigen Teilnehmern den Konsensus beherrscht, hält sich mit den folgenden Vorteilen die Waage:

- Man kann die eigene Stimmbeteiligung ganz einfach berechnen. Man teilt den eigenen Geldbetrag, den man staken (zu Deutsch: einlegen) möchte, durch den gestakten Gesamtbetrag der Gemeinschaft. Wenn man zum Beispiel 1.000 Coins staked und insgesamt 100.000 Coins gestaked werden, hat man 1 % der Stimmrechte und bekommt gleichzeitig auch 1 % der ausgeschütteten Belohnungen. Wichtig ist jedoch auch, dass die reale Möglichkeit besteht, dass jemand zwar viel Geld, aber nicht viel Stimmrecht hat, weil er das Geld nicht staked, sondern regelmäßig ausgibt.

- Da Geld in einer Blockchain nicht einfach aus dem Nichts kreiert oder gefaked werden kann, ist die Wahrscheinlichkeit von betrügerischen Angreifern, wie beim Proof of Importance durch fake-Bedeutung, eher gering.

- Da die Belohnungen der Blockchain gleichmäßig auf die Staker aufgeteilt werden, kann sich jeder ziemlich genau eine Rendite für sein Geld auf jährlicher Basis ausrechnen. Zum Beispiel kann eine Blockchain hierbei rund 5 % des gestakten Kapitals pro Jahr auszahlen. Staked man 1.000 Coins, erhält man jedes Jahr 50 Coins für die Teilnahme am Konsensus-Algorithmus. Je nachdem, was diese Coins wert sind, kann das viel oder wenig Geld sein.

GEEKY

Neben dem moralischen Grund, dass durchs Staken die Reichen noch mehr belohnt werden, gibt es jedoch einen drastischen technischen Nachteil: Die Möglichkeit des konstanten Forkens (zu Deutsch: Aufteilung einer Blockchain). Wir werden übers Forken noch im Detail sprechen, doch soviel vorab: Normal muss man sich in einem Konsensus-Algorithmus beim Fork entscheiden, auf welche Seite des Forks man wechselt. Beim Proof of Stake ist das jedoch NICHT notwendig, weil man hier die Coins weiterhin auf beiden Chains kontrolliert. Hier wird noch nach guten Lösungen gesucht.

GEEKY OFF

3. Proof of Work

Der letzte der drei Konsensus-Algorithmen ist der älteste und am meisten verwendete von allen. Die meisten Kryptowährungen nutzen ihn, weil er nicht nur ausgiebig in den letzten Jahren getestet wurde, sondern auch, weil er der widerstandsfähigste gegen die oben genannten Forks ist. Anstatt die Wichtigkeit zu beweisen oder Coins zu staken, muss man bei diesem Konsensus beweisen, dass man Arbeit geleistet hat. Wer zuerst die Arbeit erledigt hat, kann als Erster die Transaktionszusammenstellung wählen und bekommt auch die Mining-Belohnung. Diese besteht aus allen Transaktionsgebühren des Zeitraums (Block) plus zusätzlichen Ausschüttungen, welche bei den jeweiligen Kryptowährungen unterschiedlich sind. Bei Bitcoin ist dieser Anreiz zum Beispiel 12,5 bitcoins pro Block (Zeitraum). Wir werden dies nun im Detail erläutern.

Wenn man bitcoins an jemanden senden möchte, informiert man über eine Wallet die Nodes und Miner über diese Transaktion, welche dann diese Information an andere Nodes und Miner weiterleiten. Um gegenteilige Informationen zu vermeiden, wird zunächst keiner dieser Transaktion bestätigt – sie bleibt unconfirmed (zu Deutsch: unbestätigt). Somit hat noch niemand weder etwas gesendet oder auch erhalten. Die Transaktion ist in einer Art Limbo – nicht da und auch nicht weg. Konsensus wurde noch nicht kreiert. Eine Transaktion gilt erst als confirmed (zu Deutsch: bestätigt), wenn sie von einem Miner in einen sogenannten Block integriert wurde.

Miner beobachten das Netzwerk ständig nach Transaktionen, welche gemacht werden wollen. Sobald sie eine erkennen, fügen sie diese zu ihrem Pool der unconfirmed Transactions (zu Deutsch: unbestätigter Transaktionen) hinzu. Gleichzeitig leisten sie Arbeit und all dies geschieht vollautomatisch in blitzschneller Geschwindigkeit. Die Arbeit, die sie zu tun haben, ist das Reverse Engineering (zu

Deutsch: Rückrechnen) eines schwierigen kryptographischen Algorithmus, der nur durch wiederholtes Ausprobieren gelöst werden kann. Stelle dir das wie ein Puzzlelösen vor. Jeder Miner muss ein Puzzle aus den Transaktionen zusammensetzen und wer es als Erster schafft, gewinnt den Block. Die Puzzleteile bestehen aus einigen Fixpunkten, jedoch vielen unvorhersehbaren Variablen. Zum Beispiel ist ein Stück das Stück des letzten Puzzles, das zuvor gerade gelöst wurde. Jeder Miner benutzt dort das gleiche Puzzleteil für den neuen Versuch. Es ist für alle gleich. Als nächstes kommen jene Transaktionen hinzu, die ein Miner aus dem Pool der unconfirmed Transactions in diesen Block (Puzzle) einbauen möchte. Da die meisten Blockchains nur eine bestimmte Anzahl von Transaktionen pro Block zulassen, müssen Miner wählen und können nicht einfach alle hinzufügen. Bitcoin erlaubt zum Beispiel ca. 4.200 Transaktionen (Puzzle Teile) pro Block. Höchstwahrscheinlich wählen die Miner all jene Transaktionen aus, welche mit den höchsten Gebühren versendet wurden.

Da jede Transaktion einzigartige Informationen beinhaltet, sieht jede komplett anders aus. Es gibt also eine schier unendliche Anzahl an Puzzleteilen und es ist damit auch wahrscheinlich, dass verschiedene Miner an verschiedenen Puzzles arbeiten, da der eine diese und der andere die anderen Teile für ein Puzzle ausgewählt hat. Die Blöcke / Puzzles sind so strukturiert, dass sie nicht ohne Hinzufügen einer sogenannten Nonce gelöst werden können. Diese Nonce ist ein zufälliges Stück, das jeder Miner nach Belieben auswählen kann. Niemand weiß, wie die Nonce aussieht und je nachdem, wie die Puzzleteile angeordnet sind, gibt es auch für dasselbe Puzzle, also denselben Block, eine Vielzahl an Möglichkeiten. Damit eine Nonce passt, muss das fertige Puzzle (der fertige Block) nach der Fertigstellung ganz bestimmten Regeln folgen. Stelle dir das vor, als müsste das Puzzle eine gewisse Menge an schön geformten Wolken an einem klaren Himmel haben. Je nachdem, wie die anderen Puzzleteile aussehen und wie ein Miner sie zusammensetzt, muss diese Nonce ganz speziell aussehen. Ein Miner versucht buchstäblich Millionen von Nonces, bis er eine findet, die das Puzzle / den Block korrekt macht. In der Blockchain-Sprache heißt das, „er hat einen neuen Block gefunden".

GEEKY

Was er tatsächlich geschafft hat, ist, mehrere SHA256-Kryptoalgorithmen rückzurechnen, indem er per Zufall einen Input für einen fixen Output errät.

GEEKY OFF

Sobald ein Miner eine gültige Lösung gefunden hat, sendet er diesen Block an andere Nodes und Miner, die den Block / das Puzzle betrachten, sich vergewissern, dass alles korrekt ist, und ihn dann an andere weiterleiten. Der Miner, der den Block gewonnen hat, erhält die Transaktionsgebühren aller im Block enthaltenen Transaktionen und zusätzlich eine Belohnung. Im Falle von Bitcoin besteht diese aus den bereits zuvor erwähnten 12,5 bitcoins. Wenn eine Transaktion Teil eines Blocks ist, ist diese nun zum ersten Mal bestätigt, da innerhalb weniger Millisekunden viele Tausende oder sogar Millionen von Minern und Nodes diesen Block kopieren und mit dem letzten Puzzleteil des Blocks einen neuen Block mit neuen Puzzleteilen (Transaktionen) beginnen.

Wie du aus eigener Erfahrung weißt, dauert es lediglich einen Bruchteil einer Sekunde, um ein Puzzle zu betrachten, und zu erkennen, ob es korrekt ist oder nicht. Es dauert jedoch Minuten, Stunden oder sogar Tage, bis jemand es zusammengesetzt hat. Wenn du jemals in Ehrfurcht auf ein Puzzle mit Tausenden von Stücken gestarrt hast, weißt du sicher, was ich meine. Dasselbe gilt für die Kryptographie mit Blockchain: Es dauert ziemlich lange, bis ein Miner ein Puzzle / Block erstellt / gefunden hat, aber nur ein paar Millisekunden, um zu überprüfen, ob ein Puzzle / Block richtig ist.

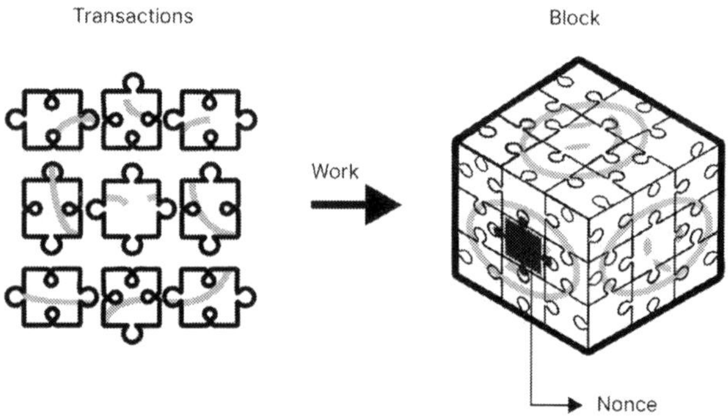

Figure 10

Wie entsteht aus den Blöcken eine Blockchain?

Jeder neue Block baut unwiderruflich auf einen älteren Block auf. Würde man einen Block entfernen, müsste man alle Blöcke darüber (also die folgenden, neueren Blöcke) ebenfalls entfernen, was die komplette Kette an Blöcken zerstören würde. Dies ist sehr wichtig für das Verständnis der Unveränderlichkeit einer Blockchain. Wenn man die Vergangenheit ändern wollte, müsste man alle folgenden Blöcke (Rätsel) rückgängig machen und ganz von vorne anfangen, denn wenn du nur eine einzige Transaktion (Puzzleteil) änderst, würden sich alle folgenden Puzzle (Blöcke) ebenfalls ändern. In so gut wie allen Fällen ist dadurch mehr Aufwand erforderlich, eine Blockchain zu ändern, als der Gewinn bringt, den man durch die Änderung erzielen würde.

WICHTIG

Eine Blockchain entsteht aus den kryptographisch miteinander verketteten Blöcken voller Transaktionen und kann daher nicht verändert werden, ohne die gesamte Blockchain zu zerstören. Aus diesem Grund wird eine Blockchain als eine unveränderliche Transaktionshistorie angesehen, auf die sich eine dezentralisierte Community geeinigt hat.

Man bezeichnet jeden weiteren Block als „Confirmation“ (zu Deutsch: Bestätigung). Sobald eine Transaktion in einen Block inkludiert wurde, heißt das aber noch nicht, dass die Transaktion wirklich stattgefunden hat. Die Community hat zwar schon einen Konsensus, dieser ist jedoch recht fragil. Doch mit jedem Block, der daraufgelegt wird, wird die Transaktion immer wieder bestätigt und wird dadurch immer sicherer, da es immer teurer wird, die Vergangenheit zu ändern. Im Falle von Bitcoin gilt: Sobald eine Transaktion vier oder fünf Mal bestätigt wurde (drei oder vier weitere Blöcke sind oben drauf), was ungefähr 40–50 Minuten dauert, wird sie als unveränderlich angesehen. Praktisch gesprochen, ist eine Transaktion in Bitcoin ziemlich sicher, selbst wenn sie nur einmal bestätigt wird, besonders wenn es eine kleinere Menge ist. Wer würde die Kosten von ein paar tausend US-Dollar investieren, was den Kosten entspricht, um einen neuen Block zu minen, nur um ein paar Dollar zu stehlen. Es macht ökonomisch keinen Sinn, es sei denn man hat einige wirklich gemeine Freunde ☺. Eine Transaktion bei Bitcoin im Wert von Hunderttausenden von Euro wird jedoch meist erst nach vier oder fünf Transaktionen als unveränderlich angesehen, da es hier einfach zu teuer ist, die Kryptographie neu zu berechnen.

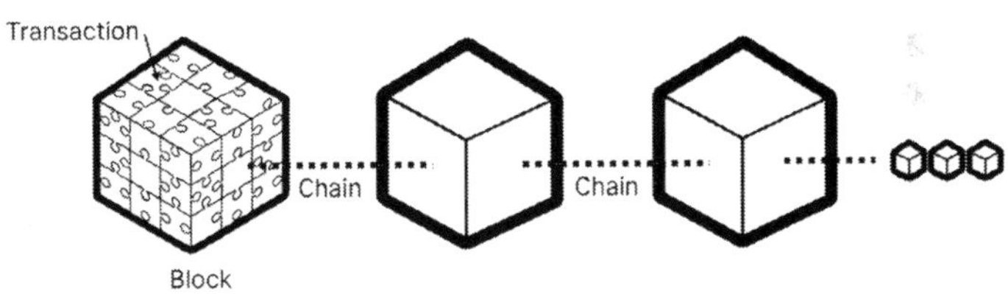

Figure 11

Eine Blockchain ist so programmiert, dass jeder Miner am längsten Teil der Blockchain mitarbeitet, da dies offensichtlich die Kette ist, in die die meiste Arbeit investiert wurde. So wird verhindert, dass, nur weil jemand eine neue Kette starten würde, diese jemand versehentlich als „Realität“ anerkennen würde. Es kommt jedoch hin und wieder vor, dass zwei Miner, welche an der längsten Kette arbeiten, gleichzeitig einen neuen Block finden. Dies bezeichnet man dann als Orphan Blocks.

Was sind Orphan Blocks?

Ein Orphan Block (zu Deutsch: verwaister Block) ist ein GÜLTIGER aber NICHT VERWENDETER Block, der erst gefunden, dann aber doch verworfen wurde, weil ein anderer Miner ungefähr zur selben Zeit einen anderen gültigen Block gefunden hat, den die Mehrheit des Netzwerks stattdessen übernommen hat.

Werden Blöcke gleichzeitig gefunden, so sehen diese meist unterschiedlich aus, da wahrscheinlich jeweils andere Transaktionen inkludiert wurden. Sie sind jedoch valide und werden nach dem Weitersenden von Minern und Nodes anerkannt. Welcher der beiden Blöcke ist nun jedoch „der richtige"? Es existieren jetzt zwei unterschiedlich aussehende Blockchains, die aber die gleiche Länge haben und theoretisch beide die Wahrheit widerspiegeln. Es kann aber nur eine Wahrheit geben. Das System löst dies total elegant, indem sich die Miner ganz einfach für den folgenden Block kurz auftrennen und an unterschiedlichen Enden arbeiten. Eine Gruppe findet dann höchstwahrscheinlich zuerst den nächsten Block und hat somit die längste Kette. Alle Miner wechseln dann zu dieser Kette und der Block, der weggelassen wird, wird zu einem so genannten Orphan Block.

Nachdem die meisten Teilnehmer eine Transaktion erst dann als vollständig sehen, wenn vier bis fünf Bestätigungen (weitere Blöcke) passiert sind, stellen solche Orphan Blocks kein großes Problem dar. Die Transaktionen vom einen Block werden dann einfach im folgenden Block noch einmal inkludiert. Somit verschiebt sich der Bestätigungszeitpunkt maximal um ein paar Minuten und verursacht normalerweise keine größeren Probleme. Eine solche Aufspaltung der

Blockchain kann jedoch auch absichtlich erfolgen, entweder in bösartiger Weise während eines Angriffs oder während eines Soft- oder Hard-Forks. Dies sind Dinge, die ich später in diesem Buch erklären werde.

Was ist Mining Difficulty?

Die Millionen Miner einer Kryptowährung versuchen also, die Lösung eines Blocks durch sekundenschnelles und billionenfaches Probieren zu finden. Da es eine reine Wahrscheinlichkeit ist, wann jemand tatsächlich eine richtige Nonce findet, ist es möglich, mathematische Vorhersagen darüber zu treffen, wann dies geschehen wird. Je schwerer das zu lösende Puzzle ist, desto länger brauchen alle Miner, um es zu lösen. Je mehr Miner dabei sind, umso schneller wird es gelöst. Damit die Blockzeit, also die Zeit, die das gesamte Netzwerk für das Finden eines Blocks braucht, konstant bleibt, gibt es in jeder Kryptowährung eine Mining Difficulty (zu Deutsch: Mining-Schwierigkeit). Der Bitcoin-Algorithmus passt sich zum Beispiel alle 2016 Blöcke so an, dass das gesamte Netzwerk etwa 10 Minuten (= 600 Sekunden) benötigt, um einen Block zu lösen. Diese 2016 Blöcke brauchen also immer ca. 2 Wochen. Andere Kryptowährungen verwenden andere Mining Difficulty-Anpassungen, was eines der Dinge ist, welche sie voneinander unterscheiden. Die Mining Difficulty entsteht, indem die gesuchte Nonce immer genauere Regeln befolgen muss. Im Puzzle-Beispiel bedeutet das, dass das letzte Puzzlestück immer genauer passen muss und keine Lücken im Puzzle hinterlassen darf. Rein technisch funktioniert dies in der Kryptographie, indem der finale Output bei Bitcoin mit immer mehr Nullen anfangen muss. Je mehr Nullen gefragt sind, umso schwieriger ist es, eine Nonce zu finden, welche diese Nullen erzeugt.

Eine wichtige Tatsache ist, dass niemand eine Nonce „berechnen" kann. Es ist reines Probieren. Dieser „Glücksfaktor" ist wichtig, da er es jedem ermöglicht, seine Chancen zu erhöhen, einen Block zu finden, indem er seine „Hash-Rate“ erhöht.

Was ist eine Hash-Rate?

Die Hash-Rate ist die Anzahl der Versuche pro Sekunde, eine Nonce auszuprobieren.

Um das in die richtige Perspektive zu rücken: Ein Mensch hat eine Hash-Rate von etwa 0,00003 H/s (Hashes pro Sekunde). Dies bedeutet, wenn er versuchen würde, von Hand zu minen (ein Puzzle lösen), würde er etwa 9–10 Stunden brauchen, um eine Nonce zu versuchen (indem er ein Puzzleteil versucht, um das Puzzle zu vervollständigen). In Bitcoin wird die Gesamtanzahl der Versuche zum Lösen eines Blocks als die gesamte Hash-Rate des Netzwerks bezeichnet. Diese Zahl liegt um die millionen Billionen pro Sekunde (= Tera Hashes) und kann hier live verfolgt werden: https://blockchain.info/charts/hash-rate

Das sind irrsinnig große Zahlen, zum Beispiel: 8.000.000.000.000.000.000 Hashes pro Sekunde. Die Wahrscheinlichkeit, einen Block zuerst zu finden, kann einfach berechnet werden, indem man die eigene Hash-Rate durch die gesamte Hash-Rate des Netzwerks dividiert. Vergleicht man das mit einem Menschen, der 0,00003 Hashes pro Sekunde hinbekommt, so erkennt man, dass man ohne technische Hilfsmittel sehr wenig Chancen hat, einen Block zu finden. Während sich also Menschen gar nicht zum Minen eignen, sind Computer prädestiniert dafür – jedoch nicht alle.

Verschiedene Arten von Mining Computern

Während Satoshi (die Person oder Gruppe, die Bitcoin erfand) am Anfang völlig allein auf seinem Computer gemined hat und 100 % der Hash-Rate besaß, können normale Computer heutzutage nicht mehr wirklich für solche Hashing-Berechnungen verwendet werden. Hier ist eine Übersicht der gängigen Hardware Systeme:

1. **CPU-Mining** (über den normalen Computer-Prozessor) mit einem regulären PC oder Laptop erbringt ca. eine Hash-Rate von 1–3 Millionen pro Sekunde, abhängig davon, wie viele MHz der CPU hat. Das klingt erstmal sehr viel, doch wenn man sich die Gewinnchancen bei der aktuellen Gesamt-Hash-Rate von mehreren Tera-Hashes berechnet, stellt man fest, dass man viel mehr für die Hardware und Elektrizität ausgeben würde, um den Computer zu betreiben, als man Belohnungen erhalten würde. CPU-Mining ist daher heutzutage praktisch ausgestorben.

2. **GPU-Mining** (Grafikkarten Mining). Die Verwendung von Grafikprozessoren ist wesentlich effektiver, da diese bei Hashing-Berechnungen deutlich effizienter als reguläre CPUs sind. Zum Beispiel haben viele Radeon Grafikkarten Hash-Rates von 30–50 Millionen pro Sekunde. Das ist rund zwanzig Mal effizienter als eine normale CPU. Das liegt daran, dass eine CPU viele andere Dinge ebenfalls können muss, während der Grafikprozessor deutlich spezialisierter ist. Bei Bitcoin lohnt sich GPU-Mining NICHT mehr, doch bei vielen anderen Kryptowährungen kann sich das finanziell gerade noch ausgehen, um Anschaffungs- und Elektrizitätskosten zu decken.

3. **ASIC-Mining** (anwendungsspezifische, integrierte Schaltkreisläufe) wurden speziell bei Bitcoin entwickelt. Dies sind Computer, die nichts anderes können, als einen spezifischen Prozess stärker auszuarbeiten als jeder andere Computer. Das ist alles, was sie tun. Im Falle von Bitcoin heißt das, zu hashen. Wenn diese

ASIC-Miner keine Bitcoin-Blöcke hashen können, kann man sie für nichts anderes verwenden. Denk mal darüber nach: Es gibt Firmen im Kryptobereich, die Millionen investieren, um nichts anderes zu produzieren als solche spezifischen Computer. Das ist ihr gesamtes Geschäftsmodell. Wenn es nicht mehr geht, geht das ganze Unternehmen den Bach runter. Bitmain zum Beispiel, die den berühmten Antminer produzieren und den Großteil der Bitcoin-Miningproduktion besitzen, sind ein Milliarden-Dollar-Unternehmen. Deren ASIC-Miner können mehrere Giga- und manchmal sogar Tera-Hashes pro Sekunde ausführen. Giga bedeutet eine Milliarde und Tera eine Billion. Sie sind also tausend Mal effizienter für Bitcoin-Mining als alle anderen Computer. Viele Kryptowährungen, wie zum Beispiel Ethereum, welches derzeit die zweitgrößte Kryptowährung ist, versuchen, ASIC-Mining-resistente Mining-Algorithmen zu entwickeln, damit eben nicht wie bei Bitcoin solche spezifischen Computer den gesamten Mining-Markt dominieren. Bei Bitcoin sind praktisch nur solche ASIC-Miner profitabel und dementsprechend teuer.

Ist Mining profitabel?

Der Profit beim Mining besteht aus dem Mining-Reward plus allen Transaktionsgebühren (Tx) während einer Blockperiode, abzüglich der Kosten für Anschaffung und Betrieb des Miningcomputers.

Für den Durchschnittsmenschen macht Mining bei den meisten Kryptowährungen wenig Sinn. Unter Berücksichtigung der Equipment- und Stromkosten erhält man meistens ein negatives Cashflow-Geschäft. Selbst wenn man nichts für den Strom zahlen würde, rechnet es sich in den meisten Fällen nicht, da populäre Kryptowährungen eine exponentielle Zuwachsrate an Teilnehmern und daher auch an Mining Difficulty haben. Da die eigene Hash-Rate jedoch NICHT steigt, außer man legt wieder neues Geld für neue Computer nach, sinken die monatlichen Erträge ebenfalls exponentiell. Viele Hersteller von Mining-Computern oder Anbieter von Cloud-Minern (Unternehmen, die Mining online anbieten) legen Berechnungen vor, welche Mining bei den aktuellen Hash-Rates profitabel machen würden. Es braucht aber meist Monate, manchmal Jahre, damit man break-even ist (zu Deutsch: seinen Einsatz wiederbekommt) und das nur, falls die gesamte Hash-Rate des Netzwerks stabil bleibt. In Anbetracht der exponentiellen Zunahme der Schwierigkeit macht es in so ziemlich allen Fällen mehr Sinn, direkt in die Coins zu investieren als in Mining. Eine GPU kostet zum Beispiel 800 Euro und bringt derzeit 300 Euro pro Monat. Stromkosten nicht miteinberechnet. Man denkt jetzt, dass man in drei Monaten profitabel ist. In Kürze bekommt man aber keine 300 Euro pro Monat mehr, sondern nur mehr 200, dann 100, dann 50 und so weiter. Nachdem sich die Mining-Computer ebenfalls schnell verbessern, ist die eigene GPU bald nichts mehr wert und man hat so, selbst wenn man Stromkosten nicht mit einrechnet, meist einen Verlust.

Warum versuchen jedoch so viele Menschen ihr Glück im Mining? Zwei Worte: Gewissheit und passives Einkommen. Die Leute lieben beides: Sie lieben es, eine bestimmte Summe zu investieren und zu glauben, dass sie garantiert jeden Monat eine feste Summe zurückerhalten. Die Realität ist jedoch, dass nur die Kosten für den Kauf der Ausrüstung und die Ausgaben für den Strom sicher sind. Es ist auch sicher, dass die Gewinne jeden Monat fallen werden, es sei denn die Kryptowährung verliert an Attraktivität. Dann erhältst du zwar immer mehr Coins pro Monat, aber die Coins sind immer weniger wert. Menschen lieben die (scheinbare) Gewissheit, ein passives Einkommen zu erzielen, und viele Firmen arbeiten genau mit diesen Marketing-Tricks. Fakt ist jedoch, dass es diese Gewissheit vom passiven Einkommen beim Mining NICHT gibt.

Wenn Mining meist nicht profitabel ist, wer mined denn dann eigentlich noch. Es sind meist riesige Mining-Farmen, welche durch gute Hardware- und Strompreise eine Nettogewinnmarge von durchschnittlich 10–15 % pro Jahr erzielen. Das heißt, wenn sie 1 Million US-Dollar investieren, machen sie etwa 100.000 bis 150.000 US-Dollar Gewinn pro Jahr. Für den „kleinen Mann" ist dies nicht möglich und wenn Firmen im Internet Ausschüttungen von mehr als diesen 10–15 % versprechen, so muss man meist von einem Schneeball- oder Pyramidensystem ausgehen. Die meisten Mining-Angebote im Internet sind sehr fragwürdig und du bist meist besser dran, direkt in Coins zu investieren. Ein Beispiel bei Bitcoin: In all den Jahren seit Anfang 2009, mit Ausnahme von einem einzigen Jahr, nämlich 2014, ist Bitcoin um mehr als 15 % pro Jahr gestiegen. In vielen Jahren sogar mehrere 100 % und so wäre es immer besser gewesen, direkt in bitcoins als in das Mining selbst zu investieren. Für große Unternehmen, welche jedoch Millionen an Kapital haben, dieses flexibel einsetzen können und mit 10–15 % eine top Ausschüttung vorweisen können, ist es attraktiver, mit einem monatlichen Cashflow zu minen, als Fluktuationen des Kurses mitansehen zu müssen. Nur so können Mitarbeiter regelmäßig bezahlt werden und es kann trotzdem noch ein Gewinn fürs Unternehmen erzielt werden. Als Privatperson sollte man Mining lediglich zum Experimentieren oder Testen betreiben, alles andere endet in den meisten Fällen eher in einem Minusgeschäft. Lass dir von keinem Freund und auch nicht von der Internetwerbung etwas anderes erzählen, sondern hinterfrage dies wirklich ganz genau.

Gibt es wirtschaftlich sinnvolle Mining-Lösungen?

Wie man vielleicht schon erahnen kann, ist Proof of Work-Mining aus energetischer Sicht ein verschwenderischer Prozess. Es ist definitiv kein umweltfreundliches System, Millionen von Euro jeden Tag für Elektrizität zu verwenden, um Konsensus zu erzeugen. Proof of Importance und Proof of Stake versuchen, dies durch einen alternativen Konsensus-Algorithmus zu lösen, doch haben beide Systeme inhärente Nachteile gegenüber Proof of Work. Um Proof of Work sinnvoller zu machen, wird versucht, „Puzzle" zu kreieren, die durch deren Lösung tatsächliche Vorteile im wirklichen Leben erbringen könnten. Möglichkeiten beinhalteten DNA-Rekombinationsberechnungen, Primzahlrecherchen und einiges mehr. Während ein paar vielversprechend erscheinen, konnten einige Herausforderungen für eine vollständige Implementierung noch nicht überwunden werden. Erstens müssen solche Rätsel einen konsistenten Schwierigkeitsgrad haben, und zudem muss das Puzzle, das einem anderen folgt, komplett zufällig und nicht zu erraten sein, um einen fairen Mining-Prozess zu gewährleisten. Auch wenn es noch nicht die perfekte Lösung für all dies gibt, so besteht Hoffnung, wirtschaftlich sinnvolle Probleme während des Minings lösen zu müssen. Die Tatsache, dass der ökologische Footprint durch das traditionelle Proof of Work-Mining so schlecht ist, ist ein Grund dafür, warum hierzu zurecht einiges an Kritik von Umweltschützern kommt und warum viele entweder auf Konsensus-Alternativen oder wirtschaftlich sinnvolle Varianten drängen.

Wie erklärt man all dies einem Zehnjährigen?

Wir haben nun über alle Teile einer Blockchain Transaktion gesprochen, und jetzt fügen wir alles zusammen, um als Zusammenfassung ein vollständiges Bild im Grand Finale zu erstellen, das man verwenden kann, um somit einem Zehnährigen erklären zu können, wie eine Blockchain oder Kryptowährung funktioniert:

1. Um eine Transaktion in Kryptowährungen durchzuführen, muss man nicht wie bei einer Fiat-Währung der Bank Bescheid geben, sondern man muss mit Hilfe des Private Keys nachweisen, dass man

tatsächlich Eigentümer der Coins ist, welche man versenden möchte. Die Transaktion sieht wie ein Puzzleteil aus.

2. Die eine Hälfte des Puzzleteils besteht aus Coin-Menge, Zeitpunkt und der Public Address des Versenders bzw. der des Empfängers.

3. Die andere Hälfte des Puzzleteils ist die Signatur des zur versendeten Public Address gehörenden Private Keys. Die Signatur erlaubt jedem, zu überprüfen, ob man wirklich den Private Key zur Public Address hat, ohne dabei gleichzeitig den Private Key zu verraten. Das ist essenziell für die kryptographische Sicherheit. Wenn du eine E-Mail versendest, brauchst du dabei auch niemandem dein Passwort sagen. So kann jemand anders auch keine neue Transaktion erzeugen, welche erneut Coins von dieser Public Address versenden würde, nur weil man einmal eine Signatur des Private Keys gesehen hat.

4. Beide Hälften machen diese Transaktion bzw. Das Puzzleteil einzigartig. Wenn man nur einen Teil ändert, würde sich die komplette Transaktionsnummer (Tx-ID) bzw. das Aussehen des Puzzleteils komplett ändern. Es kann nur dann reproduziert werden, wenn man alle Originalinformationen inklusive des Private Keys kennt.

5. Diese Transaktion wird an das Netzwerk übertragen und von Minern und Nodes als allererstes auf die Korrektheit überprüft. Ist die Signatur des Private Keys in Abstimmung zur Public Address korrekt? Hat die Public Address in der Vergangenheit genug Coins erhalten, um die in der Transaktion bestimmte Summe auch zu versenden? Ansonsten wird die Transaktion sofort abgelehnt und ignoriert. All dies ist sehr einfach zu überprüfen, doch lässt es unmöglich

auf den Private Key rückschließen. Wenn alles passt, wird die Transaktion binnen Millisekunden an andere Miner und Nodes weitergeleitet, welche wiederum dasselbe machen.

6. Je nachdem, wie viele Fees eine Transaktion beinhaltet, versuchen Miner früher oder später, die Transaktion in einen Block zu integrieren. Dies wird als Mining bezeichnet und wir haben es so beschrieben, dass diese Miner die Puzzleteile zusammenzusetzen versuchen, um dann ein korrektes Puzzle mit einem gewissen Schwierigkeitsgrad zu bauen. In Wirklichkeit versuchen sie, die Nonce zu finden, welche eine Merkle-Root aller Tx-ID mit einer bestimmten Anzahl an Nullen produziert, was der Mining Difficulty entspricht.

7. Im Falle von Bitcoin benötigt das gesamte Netzwerk etwa 10 Minuten (andere Blockchains dauern unterschiedlich lange), um das Puzzle durch reines Probieren zu lösen. Damit diese 10 Minuten konstant bleiben, wird bei Bitcoin ca. alle 2 Wochen (2016 Blöcke um genau zu sein) die Schwierigkeit angepasst. Dies variiert wiederum von Kryptowährung zu Kryptowährung.

8. Ein kleiner Teil eines Blocks, der integriert werden muss, folgt aus dem Block, welcher zuvor gemined wurde. Sobald ein Miner aus der Zusammensetzung vom vorherigen Teil allen inkludierten Transaktionen und der Nonce einen gültigen Block findet, sendet er ihn an andere Miner und Nodes. Diese überprüfen die Richtigkeit binnen ein paar Millisekunden, lehnen den Block ab, wenn er falsch ist, oder akzeptieren ihn und arbeiten sofort am nächsten Block weiter. Dadurch wird eine Transaktion zum ersten Mal bestätigt. Ein Teil des gefundenen Blocks wird abermals in Kombination mit den neuen

Transaktionen und einer neuen abermals rein durch Zufall zu findenden Nonce für den nächsten Block verwendet.

9. Der Block bzw. das Puzzle wird somit „fixiert“ und ist mit dem Block von zuvor bzw. danach unwiderruflich verbunden. Wollte man einen Teil einer Transaktion, egal ob Zeitpunkt, Menge, Von oder An anpassen, so würde sich der Block verändern und somit alles nicht mehr zusammenpassen.

10. Die Blöcke bilden dadurch eine Kette und werden Blockchain genannt, die gleichzeitig alle Transaktionen, welche je gemacht wurden, enthält und von jedem einsehbar und unveränderbar ist. Dabei ersetzt die Blockchain ein zentrales Institut und vermeidet ein Double Spending, was schlussendlich einer Kryptowährung den Wert verleiht.

Dies ist ein einfacher Überblick, oder? Eine Blockchain erklärt für einen Zehnährigen :-) Nur die allerwenigsten, welche Kryptowährungen verwenden, können den Prozess so klar und verständlich aufzeigen – jetzt bist du einer davon und das macht dich #CRYPTOFIT! Gratuliere. Zeit, wieder etwas geeky zu werden. Bist du bereit für die technischen Details? Falls Ja, lies den nächsten Absatz und falls nein, überspringe ihn einfach. Keine Sorge, du wirst deshalb nichts verpassen.

Wie sieht eine Blockchain in der Realität aus?

Was wäre, wenn ich dir sagen würde, es gäbe keine Puzzleteile, keine Blöcke und keine Ketten. Unglaublich, aber wahr? Was es wirklich gibt, ist Kryptographie, und das ist nichts anderes als Zahlen und Buchstaben. Ein Private Key? Eine Ziffernfolge. Dieser Private Key signiert (eine kryptographische Funktion, bei der der Private Key mit einer anderen Zeichenfolge kombiniert wird, wodurch eine völlig neue, einzigartige Zeichenfolge entsteht) eine andere Folge aus neuen Zahlen und Buchstaben und das Ergebnis dieser Signierung ist die Tx-ID – eine völlig neue, einzigartige Zeichenfolge. Dies entspricht dem Puzzleteil und während die Richtung vom Private Key zur Tx-ID einfach geht, so kann niemand von dieser Zeichenfolge zur Zeichenfolge des Private Keys zurückrechnen. Miner nehmen nun diese Tx-IDs auf, verifizieren sie kurz mit der Public Address (dies geht super einfach und extrem schnell, indem man einfach eine kryptographische Funktion ausführt), von der die Coins gesendet wurden. All dies ist Kryptographie, bestehend aus Zahlen und Buchstaben. Als nächstes versuchen Miner, einen Block zu finden, indem sie den Hash, eine Zeichenfolge, des alten Blocks mit allen inkludierten Tx-IDs des aktuellen Blocks und der Nonce zu hashen und dabei eine Merkle-Root mit einer bestimmten Anzahl an Nullen zu finden versuchen. Dies entspricht dem Bild, Puzzleteile zu einem Puzzle zusammenzufügen, während die Mining Difficulty überprüft wird. Durch das Anpassen der Zeichenfolge der Nonce entsteht immer wieder ein neuer Hash, was wiederum einer neuen Zeichenfolge entspricht. Ein Block ist also nichts anderes als diese Zeichenfolge, in die unzählig viele andere Zeichenfolgen integriert sind. Würde man einen dieser Bausteine (Zeitpunkte, Coin-Mengen, Public Addresses, etc.) des Blocks ändern, so würde die resultierende Zeichenfolge nicht mehr so aussehen und damit kryptographisch nicht mehr zusammenpassen.

WICHTIG

Begriffe, wie Blöcke, Puzzles und Ketten, werden lediglich für ein bildhaftes Verständnis verwendet, in der Realität besteht eine Blockchain jedoch aus einer auf Kryptographie aufbauenden Folge an Zeichen, welche über bestimmte Funktionen alle Informationen unveränderbar speichert.

Unglaublich, aber wahr! Für mich war dies tatsächlich unfassbar, als ich dies zum allerersten Mal verstand.

Sobald also jemand „die Blockchain herunterlädt", lädt er tatsächlich die ganze Folge von Ziffern und Zahlen, genannt Blockchain, herunter, welche alle Transaktionen, die jemals in dieser Blockchain getätigt wurden, widerspiegelt. Wie du dir vorstellen kannst, ist das eine ganze Menge an Daten. Im Falle von Bitcoin sind das Ende 2017 fast 200 GB und bei Ethereum, wo mehr Tx pro Sekunde möglich sind, fast doppelt so viel. Da dies für die meisten User absolut überwältigend wäre, hat Satoshi im 2008-Whitepaper bereits eine denkbar einfache Lösung vorgeschlagen: Die SPV bzw. Simple Payment Verification.

Was ist die SPV (Simple Payment Verification)?

Die Simple Payment Verification (zu Deutsch: vereinfachte Bezahlungsverifiktion) erlaubt die Verifikation einer Bezahlung, ohne die gesamte Blockchain kennen zu müssen. Dies funktioniert, indem man durch kryptographische Formeln andere Transaktionen „erahnen" kann, sobald man einmal genug Transaktionen kennt. Es ist genauso, als wenn man anstatt des kompletten Puzzles nur ein paar Teile darin sieht und sich automatisch vorstellen kann, was in ein leeres Feld hineinkommen müsste.

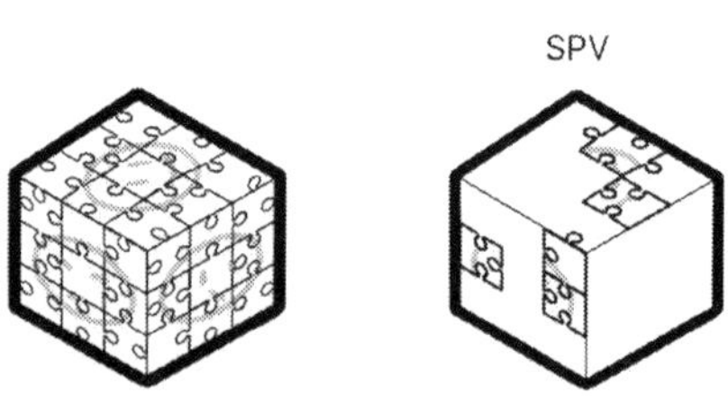

Figure 12

Kryptographisch funktioniert dies, indem nur einige Teile des sich ergebenden Hashs eines Blocks (Merkle-Root) überprüft werden und nicht jeder Eintrag, da sie sich aus einer logischen Konsequenz ergeben. Man kennt zwar die genauen fehlenden Informationen nicht, aber man kann genug Möglichkeiten ausschließen, um so zu überprüfen, ob jemand das Geld, das er zu schicken versucht, tatsächlich hat oder nicht. SPV funktioniert natürlich nur, wenn genügend Leute die komplette Blockchain als Full Nodes zur vollständigen Verifizierung speichern, denn nur so ist das ganze Wissen auch wirklich vorhanden. Sogenannten Lite Wallets, welche die meisten User verwenden, erlaubt dies jedoch, die Größe der Daten auf ca. ein Tausendstel ihrer ursprünglichen Größe zu reduzieren. Dies sind dann am Beispiel von Bitcoin „nur" ein paar hundert Mega- anstelle von Gigabytes, was die Nutzbarkeit deutlich verbessert.

SPVs lösen jedoch einen wichtigen Punkt einer Blockchain nicht: Die Skalierung.

Was ist die Skalierungsdebatte?

Ein wichtiges Merkmal eines Finanzsystems ist, wie viele Transaktionen (Tx) pro Sekunde verarbeitet werden können. Die meisten Kreditkartenunternehmen tätigen zum Beispiel rund 2.000 Transaktionen pro Sekunde. Hier hat die Blockchain-Technologie ein großes Manko: Da jeder Teilnehmer des Netzwerks eine komplette Transaktionskopie des Netzwerks führen muss, um so Double Spending zu vermeiden, ist die Geschwindigkeit des Netzwerks durch die Geschwindigkeit des langsamsten Knotens begrenzt. Blockchains begrenzen deshalb die Anzahl der Transaktionen pro Sekunde, um eine Zentralisierung der Rechenleistung durch große und starke Knoten zu vermeiden, die diese größeren Blöcke speichern und verarbeiten können, aber auch, um die Größe der Blockchain nicht zu schnell zu erhöhen. Bitcoin erlaubt zum Beispiel etwa 6–7 Tx pro Sekunde, Ethereum etwa 15 Tx. Im Grunde kann bei Bitcoin ein Miner rund 4.200 Puzzleteile alle 10 Minuten in ein Puzzle zusammenbauen (7 Tx/s * 60 s * 10 min = 4.200 Tx pro Block).

Wenn man nun die Anzahl an Tx pro Sekunde nach oben skalieren will, muss man entweder die Größe einer Transaktion verkleinern (weniger Daten pro Tx) oder man erhöht die Blockgröße (mehr Daten pro Zeiteinheit). Nachdem sich die Größe einer Tx nur bedingt verringern lässt, da die Zeichenfolgen von Menge, Von, An etc. einfach gespeichert werden müssen, ist der einzige wirkliche Ansatzpunkt gleichzeitig der Grund für eine der hitzigsten Diskussionen in der Krypto-Gemeinschaft überhaupt: Die Größe eines Blocks. Ein Block bei Bitcoin belegt zum Beispiel derzeit 1 MB Speicherplatz, doch es gibt mehrere Initiativen, welche gerne 2 MB oder sogar 8 MB einführen würden. Dies würde dann automatisch doppelt oder achtmal so viele Transaktionen in der selben Zeiteinheit erlauben. Ich persönlich sehe dies aufgrund einiger vielversprechender Lösungen der Skalierungsdebatte als nicht notwendig, möchte jedoch betonen, dass dies eine rein persönliche Meinung ist.

Was sind mögliche Skalierungslösungen?

Niemand weiß, wie eine ultimative Skalierung aussehen wird, doch es gibt einige interessante Ansätze: Nicht nur ich, sondern auch viele andere Entwickler denken, dass die ultimative Lösung darin liegen wird, Blockchains als Basis zu sehen und die Skalierung dadurch zu erreichen, indem eine zweite Informationsschicht „darüber" gelegt wird. Eine Gruppe von Bitcoin-Entwicklern arbeitet zum Beispiel am Lightning Network und eine Gruppe in Ethereum an Raiden. Beide Lösungen ermöglichen die Gruppierung von Benutzern „off-chain", also weg von einer Blockchain, wobei die Blockchain immer noch die Basis bildet.

Wir bei TenX denken sogar noch einen Schritt weiter und haben begonnen, kryptographisch sichere, Off-Chain-, Multi-Asset-, Instant-Transaktionen (COMIT) zu implementieren. Diese erlauben es, auf sichere Art und Weise von einer Blockchain zur nächsten zu kommunizieren, ohne dabei auf die Geschwindigkeit einer Blockchain angewiesen zu sein. Die Basis und das Vertrauen beruhen auf der Blockchain, doch der Ablauf ist beschleunigt und damit skalierbarer. Die tolle Idee dahinter ist, dass man als Nutzer über eine einzige App auf alle Blockchains und damit Assets (zu Deutsch: Vermögenswerte) zugreifen kann, ohne sich darum kümmern zu müssen, wie es tatsächlich funktioniert. Im Grunde funktioniert das so ähnlich wie das Internet heute, wo man Zugriff auf viele verschiedene Applikationen hat, ohne über die genaue Funktionsweise der Protokolle nachdenken zu müssen. Genau dies wird Kryptowährungen für die Massen interessant machen und natürlich wollen wir bei TenX hier an der Front mitwirken.

Während man, wie bereits erwähnt, nur bedingt an der Größe einer Transaktion für eine bessere Skalierung arbeiten kann, wurde ein solches Update namens SegWit trotzdem bei Bitcoin eingeführt.

Was ist SegWit?

Im August 2017 führte Bitcoin ein Update namens Segregated Witness ein(kurz: SegWit), um die Skalierung der Bitcoin-Blockchain zu verbessern. Anstatt an der Blockgröße zu schrauben, wurde hier die Größe der einzelnen Transaktionen verringert. In der Puzzlestück-Analogie einer Kryptowährung-Transaktion braucht es lediglich eine Hälfte des Puzzles, um die Transaktionsinformationen abzuspeichern, doch eine komplette andere Hälfte für die Signatur per Private Key. Mit dem SegWit-Update wurden diese Transaktionen anders strukturiert, indem die Signatur nun „segregiert“ und nicht mehr auf der anderen Hälfte des Puzzleteils gespeichert wird. Stell dir das so vor, als würde die Signatur, anstatt als eine neue Hälfte des Puzzleteils mit extra benötigtem Platz, nun als eine Art Farbe auf der einen Hälfte integriert. Deshalb bezeichnet man dieses Update auch als Segregated Witness, zu Deutsch: „segregierter Zeuge“. Da die Puzzleteile jetzt nur noch halb so groß sind (die Signatur belegt nicht mehr die Hälfte des Platzes), können so doppelt so viele SegWit-Transaktionen im gleichen 1-MB-Block gespeichert werden (rund 8.400 SegWit-Transaktionen statt der 4.200 „alten" Transaktionen).

Figure 13

Für den Benutzer ist SegWit ein Soft-Fork, das heißt er kann sowohl das alte als auch das neue Transaktionsformat nutzen, genauso wie eine alte Version von WhatsApp mit neueren Versionen kommunizieren kann. Um dies auf der Blockchain klar zu zeigen, unterscheiden sich die SegWit-Adressen von den „alten Adressen": „Alte" Bitcoin-Adressen beginnen mit einer „1", SegWit-Adressen mit einer „3". Nachdem es für Nutzer also kein Muss ist, SegWit-Transaktionen zu senden, und erst die wenigsten das neue Update SegWit als Standardfunktion nutzen, wird es noch einige Zeit dauern, bis die volle Speicherkapazität ausgenutzt wird.

Abschließend möchte ich noch einmal die Frage stellen, warum man darauf vertraut, dass eine Währung ein gutes Wertaufbewahrungsmittel, eine gute Übertragungsmethode und eine gute Rechnungseinheit ist. Bei Gold ist es die lange Geschichte, der wir vertrauen. Bei einer Fiat-Währung vertrauen wir der zentralen Institution, welche alles regelt. Und bei einer Kryptowährung? Hier vertrauen wir der Kryptographie, welche die Regeln zur Coin-Erstellung, der Kontostände und der Übertragungsvorgänge komplett dezentral und authentisch regelt. Natürlich wird es seine

Zeit brauchen, bis mehr und mehr Leute erkennen, welchen Vorteil es hat, der Mathematik und Kryptographie anstatt einer zentralen Bank zu vertrauen. Zu dem Zeitpunkt, wo dies die Mehrheit der Menschen versteht, werden Kryptowährungen denselben Massenansturm haben wie das Internet in den 2000er Jahren, als es massentauglich wurde. Je mehr Menschen eine Kryptowährung nutzen, umso stabiler und gleichzeitig dezentraler wird sie. Damit steigt ihr Wert, da das Vertrauen gestiegen ist. All dies ist einer der Gründe, warum viele Kryptowährungen so rasante Preisanstiege verzeichnen können und wahrscheinlich auch weiter werden und deshalb ist es gut, dass du nun Vieles von dieser Technologie bereits versteht.

KAPITEL 5 – WIE WERDEN KRYPTOWÄHRUNGEN KREIERT?

In einem zentralisierten monetären System obliegt die Menge und damit die Erschaffung einer Währung der zentralen Behörde. In einem dezentralisierten System legt der kryptographische Algorithmus die Regeln für die Geldmenge fest. Das führt oft zu einem Missverständnis, denn, wie ich im Mining-Kapitel erwähnt habe, glauben viele Leute aufgrund von Fehlkommunikation in den Medien, dass Kryptowährungen durch Mining geschaffen werden. Mining ist jedoch ein Konsensus-Algorithmus und es kann dabei gleichzeitig zur Ausschüttung von Coins als Belohnung kommen, es gibt jedoch auch andere Möglichkeiten, wie Kryptowährungen erschaffen werden können. Schauen wir uns die wichtigsten an:

1. **MINING:** Starten wir mit dem Modell, welches meistens (leider falsch) als einziges Modell aufgezeigt wird. In diesem werden Kryptowährungen während des Konsensus-Prozesses erzeugt. Es ist ein sehr gebräuchlicher Prozess, da er die Teilnehmer dazu anregt, bei der Stabilisierung des Netzwerks mitzuhelfen. Bitcoin ist hier das bekannteste Beispiel. Ganz am Anfang wurden hierbei 50 bitcoins pro Block an seinen Finder vergeben. Alle 210.000 Blöcke, die etwa vier Jahre dauern, findet ein **Halving** (zu Deutsch: Halbierung) statt, bei der die Blockbelohnung halbiert wird. Als Bitcoin 2009 anfing, waren es die bereits erwähnten 50 bitcoins, im Jahr 2012 wurden es dann 25 bitcoins und seit 2016 haben wir nur mehr 12,5 bitcoins pro Block. Irgendwann

im Jahr 2020, je nachdem, wie lange die 210.000 Blöcke dauern, werden wir die nächste Halbierung auf 6,25 bitcoins pro Block sehen. Dieses Halving geschieht insgesamt 64 Mal, bis der Mining Reward (zu Deutsch: Mining-Belohnung) die kleinste mögliche Einheit erreicht: ein Satoshi, das nicht weiter halbiert werden kann. Theoretisch wird das allerletzte Satoshi im Jahr 2140 ausgeschüttet, doch je nach Mining Geschwindigkeit kann das etwas früher passieren. Ab dann erhalten Miner „nur" noch die Transaktionsgebühren als Mining Reward und keine zusätzlichen bitcoins.

Im Falle von Bitcoin werden auf diese Weise knapp 21 Millionen bitcoins geschaffen und mehr oder weniger fair auf das Netzwerk verteilt. Bonus-Info: Es sind eigentlich etwas weniger als 21 Millionen bitcoins, denn genau wie bei einer Distanz, die man immer und immer wieder halbiert, erreicht man nie das Ende (1/2 + 1/4 + 1/8 + 1/16 + ... erreicht tatsächlich niemals die 1, kommt aber sehr nahe ran), aber zur Einfachheit wird meistens kommuniziert:

Beim derzeitigen Bitcoin-Algorithmus wird es maximal knapp 21 Millionen bitcoins geben.

Der Grund für das Hinzufügen von „derzeitiger Algorithmus" ist, dass es natürlich jederzeit möglich ist, mehr bitcoins zu erschaffen, falls sich die Community drauf einigt. Litecoin zum Beispiel, welches sich von Bitcoin abgespalten hat, hat sich darauf geeinigt, viermal so viele, nämlich 84 Millionen litecoins, zu erschaffen. Dafür muss die Community natürlich zustimmen und es kann nicht von einer zentralen Institution einfach so verändert werden, was ja der essenzielle Knackpunkt in einem dezentralen System ist.

Was ist eine deflationäre Währung?

Manche Menschen sehen diese Höchstgrenze als Grund dafür, warum Kryptowährungen besser sind als Fiat-

Währungen, welche von einer zentralen Behörde bis ins Unendliche aufgebläht werden können. Andere sehen es wiederum als Problem, weil sie es eine deflationäre Währung nennen, da Menschen mit der Zeit sehr wahrscheinlich ihre Private Keys und dadurch den Zugang zu den Coins verlieren. Deflation ist das Gegenteil von Inflation bedeutet, dass die Menge der zirkulierenden Coins abnimmt.

Sind alle Kryptowährungen begrenzt?

Während manche geminten Kryptowährungen wie Bitcoin zum Beispiel ein begrenztes Angebot haben und dadurch deflationär sind, sind andere wiederum inflationär und haben ein unbegrenztes Angebot. Entweder haben sie beispielsweise eine feste jährliche Inflationsrate von 3 % des Gesamtangebots, oder Teilnehmer können über die Inflationsrate (die jährliche Rate, um wie viel die Geldmenge erhöht werden soll) abstimmen, fast wie in einem demokratischen System. Da der Algorithmus öffentlich einsehbar und komplett transparent ist, wird eine solche Inflation von der Community ohne Weiteres akzeptiert, solange es eben nicht wie bei vielen Fiat-Währungen zur Hyperinflation kommt, wo die Geldmenge total unkontrolliert nach oben schießt – etwas, das wir derzeit leider bei viel zu vielen Fiat-Währungen weltweit miterleben. Beharre aber niemals auf der Tatsache, dass Kryptowährungen deshalb besser als Fiat-Währungen sind, weil sie eine harte Obergrenze haben, denn es gibt genug Kryptowährungen mit einem eingebauten Inflationsmechanismus. Vielmehr geht es um die Transparenz und Fairness, welche Kryptowährungen auszeichnen. Ehrlich gesagt weiß heute niemand, ob eine Kryptowährung mit ein paar Prozent Inflation besser oder schlechter ist als eine deflationäre mit einem Hard Cap (zu Deutsch: Maximum) an Coins. Die Zukunft wird es uns zeigen.

Was ist mit dem Argument vieler Kryptowährungskritiker, welche freudig aufzeigen, dass viele Kryptowährungen deflationär sind und durch Deflation Leute ihre Coins lieber behalten und nicht ausgeben würden? Dies würde eine Währung zu einem schlechten Transfermittel und damit zu einer schlechten Form des Geldes machen. Dieses Argument ist im Falle von digitalen Währungen wie Kryptowährungen jedoch nur teilweise richtig. Viele Kryptowährungen haben die Fähigkeit, sich in kleinere Teile aufzuteilen. Genau wie ein Euro 100 Cents hat, haben das Kryptowährungen auch. 1 bitcoin hat zum Beispiel 10^8 Satoshis (100 Millionen) und 1 Ether sogar 10^{18} Wei. Auch bei einer drastischen Deflation wäre so eine Verteilung von bitcoins oder Ether auf die ungefähr 8 Milliarden Menschen möglich. Zum Beispiel hätte in diesem Fall jeder im Schnitt 21 Millionen bitcoins mal 100 Millionen Satoshis dividiert durch 8 Milliarden Leute, also 262.500 Satoshis per Person. Unter der Annahme, dass der Zugang zur Hälfte aller Coins im Laufe der Zeit verloren geht, was realistisch sein kann, sind es immer noch 131.250 Satoshis. Wenn also heute der Wert eines bitcoins mehrere tausend Euro ist, so kann sich jeder mit auch nur ein paar Cent einen Teil eines bitcoins kaufen. In Zukunft wird man dann vielleicht nicht mehr von einem bitcoin, sondern nur mehr von millibitcoins (ein Tausendstel eines bitcoins) oder sogar noch weniger sprechen, sodass diese trotz Deflation einen akzeptablen Wert als Übertragungsmethode darstellen.

Offensichtlich wird eine Kryptowährung, die einen festen Hard Cap hat, bei gleichen ökonomischen Faktoren schneller im Wert steigen als eine Kryptowährung mit eingebauter Inflation. Das Angebot ist einfach limitierter, doch das bedeutet NICHT, dass Bitcoin garantiert immer an Wert gewinnen wird – es ist jedoch ein Teil des Grundes. Mehr über solche Preisdynamiken besprechen wir zu einem späteren Zeitpunkt in einem der letzten Kapitel. Nun gehen wir zur zweiten Form der Coin-Erschaffung über.

2. PREMINED: In dieser Version werden alle Coins beim Start der Kryptowährung erstellt und auf Konten aufgeteilt. Dies kann natürlich total fair nach einem bestimmten Ablauf oder komplett unfair – bei einer Verteilung auf zum Beispiel nur wenige Personen – erfolgen. Solange dies also NICHT bei einer legitimen Blockchain geschieht, muss dies als Scam und Abzocke betrachtet werden, da der Ersteller ein dezentralisiertes System vortäuscht, es jedoch eigentlich wie eine zentrale Währung funktioniert. Leider betrügen viele Leute auf diese Art und Weise, denn es ist für den Krypto-Anfänger oft nicht klar ersichtlich, was legitimes Premining ist und was nicht. Als Faustregel gilt: Wenn die Urheber mehr als 50 % der Coins behalten, kann dies als Marktmanipulation angesehen und sollte nur mit Vorsicht behandelt werden. Ripple, Initial Coin Offerings (ICOs), Tokensales und einige andere nutzen Premining jedoch als legitime Möglichkeit, alle Coins vorab zu erstellen, um sie dann auf dem Markt zu verkaufen. Wir werden später im Altcoin-Kapitel noch ausführlich auf diese Anwendungsfälle eingehen.

3. EIN MIX VON PREMINED UND MINING: Einige Coins, wie zum Beispiel Ethereum, verwenden ein Hybrid-Modell aus Option 1 und 2. Die Blockchain startet mit einer Menge an premined Coins, es folgt danach jedoch auch ein Mining-Modell. Die Gesamtmenge der Coins kann, wie es bei Ethereum Classic mit etwa 210 Millionen ETC Coins der Fall ist, begrenzt sein, oder, wie beim anderen (traditionellen) Ethereum, unbegrenzt. Beide Modelle funktionieren und nur die Zukunft kann zeigen, welches aus wirtschaftlicher Sicht besser sein wird.

KAPITEL 6 – WALLETS

Nachdem wir nun einiges über Kryptowährungen gelernt haben, fragst du dich vielleicht, wo und wie du diese aufbewahren kannst. Eine bessere Frage ist jedoch, wie man den Private Key sicher aufbewahrt.

Was ist eine Wallet?

Man kann keine Coins speichern. Coins werden immer auf der Blockchain aufgezeichnet und bewegen sich nie von dort weg. WALLETS (zu Deutsch: Geldbörse) sind Applikationen, welche man verwendet, um den Private Key zu sichern.

Was ist in einer Wallet?

Viele Leute verwirrt das und sie reden davon, eine gewisse Anzahl an Coins in ihrer Wallet zu haben. Was sie eigentlich meinen, ist, dass sie den Private Key zu einer bestimmten Menge an Coins in ihrer Wallet haben. Es bedeutet ebenfalls, dass, wenn man jemals eine Wallet verliert, man nicht unbedingt die Coins verliert – solange man den Private Key noch woanders gespeichert hat. Eine Wallet funktioniert ähnlich wie ein Passwort-Manager, der die ganzen Passwörter für unterschiedliche Services speichert. Nur weil man den Passwort-Manager verliert, verliert man nicht unbedingt den Zugang zu einem Service – solange man sich das Passwort noch woanders aufgeschrieben oder gemerkt hat.

Im Kryptowährungsbereich gibt es unterschiedliche Möglichkeiten an Wallets. Hier findest du eine Übersicht:

1. Paper Wallet (zu Deutsch: Private Keys auf Papier)
2. Mind Wallet (zu Deutsch: man merkt sich die Private Keys)
3. Soft Wallet (zu Deutsch: Private Keys werden in einer App gespeichert)
4. Hard Wallet (zu Deutsch: Private Keys werden auf einem speziellen Stick (NICHT USB!) gespeichert)
5. Exchanges (zu Deutsch: Börsen, wo der Private Key für einen verwaltet wird)

1. PAPER WALLETS

Im Jahr 2009, als Bitcoin gerade gestartet war, wurden die allerersten Private Keys einfach von einem Zufallszahlengenerator erstellt und dann auf ein Stück Papier geschrieben. Man nannte diese Form Paper Wallets. Sie sind noch heute erhältlich und gelten als eine der sichersten Möglichkeiten, den Private Key zu speichern, da sie nicht über digitale Medien zugänglich sind. Ich empfehle Paper Wallets nur als Cold Storage (zu Deutsch: Offline Backup), um größere Mengen an Coins zu verwalten, welche man eher langfristig hält. Sie sind zwar unglaublich sicher, doch extrem schwerfällig zu verwenden.

Um eine Paper Wallet zu kreieren, macht man das Folgende:

1. Generiere einen Private Key bzw. einen Seed (was das ist, beschreibe ich gleich) und die dazugehörige Public Address in einer Wallet oder einem Offline-Zufallsgenerator.

2. Schreibe dir den Private Key bzw. Seed mit Bleistift auf einem starken Blatt Papier auf. Verwende

KEINEN Kugelschreiber, da sich dessen Tinte im Laufe der Zeit auflösen könnte. Denke daran, dass dieser Key auf dem Papier so lange überleben muss, wie du Coins mit der Public Address verbunden hast, was jahrzehntelang sein kann.

3. Kopiere die Public Address auf den Computer oder aufs Handy. Diese kannst du einfach so verschicken, damit dir jemand Coins dort hinsenden kann. Mach dies ja NICHT mit dem Private Key.

4. Am besten ist, dasselbe auf drei oder vier verschiedene Papiere zu schreiben und diese dann an verschiedenen Orten zu lagern. Sollte eine Naturkatastrophe oder ein Einbruch passieren, hast du immer noch ein Backup irgendwo anders. Nutze KEINEN Kopierer oder Computer dafür, denn diese könnten versehentlich interne Kopien abspeichern. Lege diese Zettel dann an sicheren Orten ab, zum Beispiel in einem Safe oder in einer Bank.

5. Fertige NIEMALS eine digitale Kopie einer Paper Wallet an, denn damit wird der Zweck eines so genannten Offline- oder Cold-Storage, der digital nicht erreichbar ist, vereitelt. Wenn eine digitale Kopie vorhanden ist, kann auf sie irgendwie zugegriffen werden, und das ist genau der Grund, warum du eigentlich den Aufwand einer Paper Wallet auf dich nimmst – damit außer dir sonst niemand zum Private Key kommt. Nimm also keine Fotos davon auf, kopiere nichts, etc.

6. Normal hat man auf die Adresse der Paper Wallet viele Geldeingänge, man verschickt jedoch immer nur einmal Geld damit. Danach muss man eine neue Paper Wallet anlegen und den ganzen Prozess wiederholen. Der Grund dafür ist, dass man zum Verschicken bei der Eingabe des Private Keys online

sein muss, was eine Sicherheitslücke darstellt. Man kreiert also eine neue Paper Wallet und verschiebt die restliche Summe, was übrig ist, auf die neue Public Address.

Wie du siehst, ist dieser Prozess unglaublich langwierig und aufwendig, jedoch richtig sicher. Ich persönlich verwende Paper Wallets nur für Geldsummen, welche ich vorerst nicht brauche, die ich aber so gut wie möglich aufbewahren möchte.

Mach beim Aufschreiben des Private Keys ja NICHT den Fehler, zu glauben, dass du etwas am Private Key ändern möchtest, an das nur du dich erinnern kannst. Du musst dich an die Änderung selbst in zehn Jahren noch erinnern. Ein Freund von mir dachte zum Beispiel, er wäre besonders schlau, und änderte eines der Wörter seines Seeds, den er auf Papier niedergeschrieben hatte. Er dachte, sollte jemand dieses Papier finden, dass es wertlos sein würde, weil es nur er sein würde, der wisse, welchen Teil er geändert hatte. Was jedoch passierte, war, dass er einige Monate später den Private Key brauchte, er jedoch vergessen hatte, welches Wort er verändert hatte. Er versuchte und versuchte das richtige Wort zu finden, doch konnte er sich nicht mehr an die korrekte Version erinnern. Glücklicherweise hatte er nicht zu viele Coins mit diesem Private Key verbunden, und so war es eher eine gute Lehre als ein wirklicher Verlust. Wenn du dir also die Arbeit einer Paper Wallet antust, dann mach das richtig und versuche nicht irgendwelche gefährlichen Experimente, die dich teuer zu stehen kommen können.

2. MIND WALLETS

Wer ein besonders gutes Gedächtnis hat, kann eine noch sicherere Wallet-Variante verwenden: das eigene Gehirn (auf Englisch: Mind). Der Ablauf im Vergleich zum Paper Wallet ist der gleiche, nur dass man sich hier den Private Key bzw. den Seed merkt und nicht aufschreibt.

3. SOFT WALLETS

In der Zeit um 2010/2011 waren viele Bitcoin User die Paper und Mind Wallets leid und haben stattdessen Soft(ware) Wallets programmiert. Hier wird der Private Key mit einem Passwort auf einem Computer oder einer App gesichert. SPV-, Web- und Lite-Wallets gehören ebenfalls in diese Kategorie. Man kann nun Coins über diese Anwendungen ganz einfach empfangen und senden, ohne die mühsame Importarbeit der Offline Wallets erledigen zu müssen. Soft Wallets sind jedoch nicht so sicher wie Offline Wallets, da alles, was mit einem Computer und insbesondere mit dem Internet verbunden ist, dazu neigt, gehackt werden zu können. Dennoch sind sie viel nutzerfreundlicher und wenn man sicherstellt, ein schwieriges Passwort für die Wallet verwendet zu haben und gleichzeitig den Private Key NIEMALS, außer in Form einer Paper Wallet als Backup, irgendwo hin kopiert, sind sie ziemlich gut.

WICHTIG

Wenn du den Private Key der Soft Wallet als Paper Wallet für den Fall, dass du die Soft Wallet verlierst, abspeichern willst, so schreibe ihn von der Wallet mit Bleistift ab. Kopiere ihn nicht, mache keine Screenshots und drucke ihn auch nicht aus.

Was passiert mit deinen Coins, wenn du dein Handy oder deinen Computer verlierst?

Der Grund, warum es so wichtig ist, dass du den Private Key zusätzlich aufschreibst, ist genau für den Fall, dass du die Soft Wallet auf deinem Handy oder Computer verlierst bzw. versehentlich löschst. Solange niemand anderes auf das Handy oder den Computer zugreifen kann, sollten deine Coins ziemlich sicher sein. Den Private Key kannst du dann einfach vom Papier in eine andere Soft Wallet eingeben und schon hast du wieder Zugriff auf deine Coins. Denke daran, dass es nie Coins sind, die in einer Wallet sind, sondern nur die Info, auf welcher Adresse diese sind.

4. HARD WALLETS

Um das Beste aus den beiden Welten von Offline-Sicherheit (Cold Storage) und Online-Komfort (Hot Storage) herauszuholen, begannen Unternehmen, Hard Wallets zu erstellen. Hard Wallets sind ähnlich wie ein USB-Stick, funktionieren jedoch komplett anders: Sie können nur dann vom Computer angesprochen werden, wenn man am Gerät einen PIN eingibt. Dies ist wirklich wichtig, zu verstehen, denn es gibt immer wieder Scharlatane, welche versuchen, normale USB-Sticks, die natürlich vom Computer aus abgerufen werden können, zum Preis der eigentlichen Hard Wallets zu verkaufen. Der riesige Vorteil dieser Hard Wallets ist, dass der Private Key immer offline gespeichert wird und man die Wallet auch immer physisch bedienen muss, man aber gleichzeitig nach deren Aktivierung die Coins komfortabel am Computer versenden kann. Verliert man eine Hard Wallet, funktioniert dies ähnlich wie bei einer Soft Wallet, nur noch ein bisschen sicherer. Einen solchen Stick zu hacken ist, wenn man den PIN nicht weiß, praktisch nicht möglich. Man gibt den Private Key, welchen man sich hoffentlich auf einem Blatt Papier zur Sicherheit aufgeschrieben hat, nun entweder in eine andere Soft oder Hard Wallet ein und, voilà, schon hat man wieder Zugriff auf die Coins. Ein Handy oder einen Computer zu hacken, ist da schon um einiges einfacher. Jedem, der sich mit Kryptowährungen ernsthaft auseinandersetzen will, kann ich wärmstens eine solche Hard Wallet empfehlen. Die Hard Wallet, welche ich verwende, kostet zwischen 80–100 Euro und lohnt sich allemal: www.julianhosp.com/hardwallet.

5. EXCHANGES

Die komfortabelsten, jedoch riskantesten Services sind all jene, bei denen man den Private Key nicht selbst kontrolliert, sondern dafür eine nutzerfreundliche Login-Oberfläche hat. Hierzu zählen Exchanges, wo man Kryptowährungen kaufen und verkaufen kann, und außerdem Private Wallets, welche nicht, wie die obengenannten, Open Source sind. Dies ist per se nichts Schlechtes, es ist nur wichtig, zu verstehen, dass, wenn man Dienste nutzt, bei denen man den Private Key nicht kennt, man nicht wirklich seine Coins kontrolliert. Du vertraust der Firma, die deinen Private Key kontrolliert. Im Gegenzug für den Kontrollverlust bieten diese meist eine enorm nutzerfreundliche „Login-Passwort"-Oberfläche an, die Leuten den Zugang zu Kryptowährung ungemein vereinfacht, da sie ähnlich wie PayPal usw. funktioniert.

Wenn man solche Services aus Bequemlichkeit verwendet, ist dies solange okay, wie man weiß, worauf man sich dabei einlässt. Man gibt die Kontrolle komplett aus der Hand. Auch ich bewahre kleine Mengen meiner Kryptowährungen direkt auf diesen Plattformen auf, entweder weil ich etwas Liquidität bereit haben will, um bestimmte Kryptowährungen zu kaufen oder zu verkaufen, oder weil mir das Herunterladen bzw. das Verwenden einer Soft Wallet für einen bestimmten Coin zu aufwendig im Vergleich zu dem kleinen Betrag ist, den ich in den Coin investieren will. Es gibt leider nur sehr wenige Soft Wallets, welche mehrere Coins gleichzeitig komplett sicher anbieten und so schafft eine Exchange ein wenig Abhilfe. Wir werden am Ende noch ein bisschen mehr über das Kaufen, Halten und Verkaufen der Coins sprechen. Hier wollte ich vor allem eine technische Übersicht zu den unterschiedlichen Systemen geben.

WICHTIG

Du kannst NIEMALS deine Coins verlieren, denn Coins können niemals verloren gehen. Bei Bitcoin wird es am Ende immer knapp 21 Millionen Coins geben, sie bleiben immer auf der Blockchain. Leute können nur den Private Key verlieren, mit dem sie auf diese Coins zugreifen können. Auch wenn Leute oft sagen, dass sie Coins verloren haben oder es fast hätten, so ist das Verständnis darüber, was genau passiert, wichtig, um selbst top vorbereitet zu sein.

Eine persönliche lehrreiche Erfahrung:

Vergiss ja nie, dass du den Private Key wie bares Geld behandelst. Nur weil er eine Kette von Buchstaben oder Wörtern ist, heißt das nicht, dass er wertlos ist. Ganz im Gegenteil, er kann Millionen wert sein. An diesen Umstand musste ich mich selbst einmal auf einer Reise erinnern. Meine Hard Wallet war an meinen Computer angeschlossen, da ich gerade ein paar Trades (zu Deutsch: Käufe und Verkäufe) durchführen wollte. Dabei drückte mein Notizbuch auf die Tasten zur PIN Eingabe und so wurde die Hardware Wallet komplett zurückgesetzt, da sie dies nach mehrmaligen Fehlversuchen aus Sicherheitsgründen macht. Yikes! Ich hatte nun keine Möglichkeit mehr, über das Gerät auf die Coins zugreifen zu können – und das war relativ viel Geld. Ich schluckte kurz, denn der einzige Weg, um wieder Zugang zu meinen Geldern zu erhalten, wäre gewesen, den Private Key einzugeben. Der Zettel mit dem Private Key darauf war im Bankschließfach außerhalb meiner Reichweite. Ich konnte jedoch nicht warten, bis ich wieder zurück wäre, ich musste die Trades jetzt durchführen. Also rief ich zuerst meine Bank und dann meinen Vater an, um ihm Zugang zum Schließfach zu gewähren. Jetzt kam jedoch das Problem – wie würde er mir den Seed, der aus 24 Wörtern bestand, geben können, ohne dass irgendjemand im Geheimen mitlauscht. Man nennt dies eine „man in the middle attack". Da es doch um viel Geld ging, wollte ich dies nicht riskieren – meinem Vater vertraute ich natürlich schon. Schlussendlich verwendeten wir eine Mischung von verschiedenen Video-, Audio- und Schreibkanälen, bis ich alle 24 Wörter hatte. Ich tippte sie in meine Hard Wallet ein. Das Herz pochte, wie du dir vorstellen kannst. Doch voilà, der Zugang war wiederhergestellt. Das erste, was ich nun tat, war, einen neuen Private Key zu generieren und das Geld an diese neue Public Address zu senden. So war der Private Key, den mir mein Vater durchgegeben hatte, komplett wertlos. Die Geschichte erinnert mich immer daran, wie wichtig es ist, den Private Key genauso wie Bargeld zu behandeln. Es zeigt aber auch, dass ein paar Dinge in der Blockchain, insbesondere die

Speicherung (und auch die Vererbung) von Private Keys, nicht so einfach sind, wie sie es wahrscheinlich in der Zukunft sein werden. Nur so werden Kryptowährungen massentauglich.

Wenn du jetzt ausflippst und Angst hast, in das Krypto-Ökosystem zu kommen, mach dir keine Sorgen. Viele Firmen inklusive meiner eigenen, TenX, arbeiten an dem Problem, um Private Keys noch sicherer und einfacher zu machen. Weiters werden Firmen, wo du den Private Key nicht selbst hast, immer sicherer. Statistisch gesehen, sind bisher mehr Private Keys verloren gegangen, die Leute selbst zu verwahren versucht haben, als jene bei Exchanges. Der Grund, warum die meisten Leute nur hören, dass Gelder auf Exchanges verloren gehen, ist der gleiche wie bei Auto- und Flugzeugunfällen. Flugzeuge sind um ein Vielfaches sicherer als Autos, aber wenn ein Flugzeug abstürzt, weiß die ganze Welt davon – wir hören nicht viel über die Millionen von Menschen, die jedes Jahr bei Autounfällen sterben. Ähnlich läuft es in der Blockchainwelt: „Stirbt" eine Exchange und viele Menschen sind betroffen, so schreibt die gesamte Presse davon, doch niemand spricht darüber, dass eigentlich viel mehr Menschen selbst Gelder verlieren. Entweder weil sie die Private Keys verlieren oder weil sie gehackt werden. In der Presse wird dies wiederum komplett falsch dargestellt und man spricht fälschlicherweise davon, dass „die Blockchain gehackt wurde".

Kann man eine Blockchain hacken?

Wenn man vom Hacken einer Blockchain im korrekten Sinne spricht, dann bedeutete das, die Kryptographie zu hacken. Da alle kryptographischen Algorithmen wie SHA256 nicht spezifisch für Blockchain, sondern überall im Internet verwendet werden, würde ein solcher Hack die gesamte Welt auf ungeahnte Art und Weise treffen. Aus heutiger Sicht kann ein solcher Hack komplett ausgeschlossen werden, denn sonst wäre er schon längst passiert. Es ist einfach nicht möglich, Public Addresses zu Private Keys rückzurechnen, und genau das ist die Basis einer Blockchain. Wenn man also in der Presse liest, dass die Blockchain wieder einmal gehackt wurde, heißt das, dass entweder eine Exchange oder die Private Keys eines Nutzers gehackt wurden. Es handelt sich hier eher um einen Phishing-Angriff als „einen Blockchain-Hack". Dies ist das Gleiche wie bei vielen anderen Services, wo Angreifer dein Passwort etc. ausfindig machen wollen. Natürlich ist das für die Presse nicht so aufregend und so wird das dann leider falsch beschrieben. Die Lösung dazu ist eine Zusammenarbeit allen Parteien, das bedeutet: Die Aufklärung der Presse, welche hoffentlich auch dieses Buch liest, Training von Nutzern, um ihre Daten sicher zu halten, und Firmen, welche den Umgang mit sensiblen Daten immer besser vollziehen.

Eines der Features, um den Umgang mit Kryptowährungen noch sicherer zu machen, sind Public Addresses, die sich ständig ändern.

Warum ändert sich die Public Address ständig?

Bei den meisten Soft oder Hard Wallets wirst du eine merkwürdige Eigenschaft feststellen: Wenn du Coins auf eine Public Address bekommst, wird dir von der Wallet eine neue Public Address zur Verfügung gestellt, wo du nun die nächsten Coins hinbekommen kannst. Übertragen auf ein Bankkonto wäre das dasselbe, als wenn du jedes Mal, wenn du Geld aufs Konto überwiesen bekommst, gleichzeitig auch automatisch eine neue Kontonummer für die nächste Überweisung erhältst. Dies mag dich zunächst verwirren, da dies weder bei einem Bankkonto noch bei E-Mail-Adressen geschieht. Es gibt jedoch zwei gute Gründe dafür, warum sogenannte deterministische Wallets das machen.

Was sind deterministische Wallets?

Dieses ständige Erneuern der Public Address ist ein Feature von deterministischen Wallets und wurde in Bitcoin während eines sogenannten Bitcoin Improvement Proposals (BIP) implementiert, welches kleine Verbesserungen des ursprünglichen Bitcoin-Codes darstellt, um zusätzliche Sicherheit, aber auch Bequemlichkeit zu bieten. In diesem Fall war es BIP32 (Nummer 32 der Verbesserungen), wo Folgendes vorgeschlagen wurde: Sollte es je, im höchst unwahrscheinlichen Fall, zu einer Adresskollision kommen, bei der zwei Parteien die gleiche Adresse erhalten (was buchstäblich unmöglich ist, aber einfach um die Sicherheit noch weiter zu verbessern), dann hätte jede Person nicht nur eine Adresse mit allen Coins darauf, sondern besäße so viele Adressen, wie man Bezahlungen erhalten hat. Das könnten Dutzende oder sogar Tausende sein. Man hat also nicht nur ein Konto, sondern kreiert bei jedem Geldeingang automatisch ein neues. Wenn nämlich das Geld auf hunderte oder sogar tausende Konten aufgeteilt ist, stellt das eine Risikominderung vor Hacks oder Kollisionen dar.

Der zweite Grund für das Aufsplitten der Gelder ist ein zusätzlicher Schutz der Privatsphäre, worüber wir in einem späteren Kapitel noch im Detail sprechen werden. Um dir einen kurzen Einblick zu geben: Die Blockchain ist nun einmal 100 % transparent und auf je mehr Adressen Geld aufgeteilt wird, desto schwieriger ist es für einen Außenstehenden, zu wissen, wie viel Geld du insgesamt besitzt. Dadurch wird die eigene Privatsphäre verbessert.

Wie nehmen deterministische Wallets, technisch betrachtet, diese Adressgenerierung vor? Dies funktioniert über einen Seed.

Was ist ein Seed?

Damit deterministische Wallets all diese Adressen generieren, nutzen sie einen Seed als Anleitung. Das ist nichts anderes als eine Kombination aus 8, 12 oder 24 Wörtern. Diese Wörter stellen einen Code für die Wallet dar, wie sie den ersten und dann alle folgenden Private Keys generiert. Anstatt also nur einen Private Key per Zufall zu generieren, generieren deterministische Wallets eine zufällige Anleitung, mit der dann unzählig viele Private Keys und damit auch Public Addresses generiert werden können. Wenn man die Anweisung kennt, ist es sehr einfach, zu den Private Keys zu gelangen, aber genauso, wie man von der Public Address unmöglich zum Private Key kommt, kommt man auch nie von einem Private Key zur ursprünglichen Anleitung.

Beispiel:

Vereinfacht dargestellt, funktioniert das so: Stelle dir vor, dass die Anweisung besagt, dass der nächste Private Key immer der aktuelle Private Key plus die Summe aller seiner Ziffern ist. Angenommen der Key wäre 11, dann wäre der nächste 13 (11+1+1). Dies ist natürlich nicht, wie es bei Bitcoin funktioniert, weil die eigentliche Anleitung dort durch eine komplexe kryptographische Funktion dargestellt wird, doch es veranschaulicht das Prinzip.

Wenn wir die vereinfachte Anleitung verwenden und du nun als Hacker einen Private Key, zum Beispiel 3628, von jemandem rausgefunden hast, so wird es dir trotzdem unglaublich schwerfallen, den vorherigen Key rauszufinden. Was wäre nun der vorherige Private Key? Es wäre die Zahl, bei der die Ziffern addiert diesen Key von 3628 generiert hätten. Nach einigem Probieren wirst du irgendwann draufkommen, dass es 3614 ist. Warum 3614? Durch Hinzufügen der Ziffern zum Private Key (3 + 6 + 1 + 4 = 14) gelangt man von 3614 + 14 zu 3628.

Nachdem deterministische Wallets Coins streut, wird auf einem Private Key selten das ganze Geld oben sein. Als Hacker müsstest du nun die ursprüngliche Anleitung kennen, welche natürlich um ein Vielfaches komplizierter als das obige Beispiel ist, und zusätzlich müsstest du unglaublich viel Rechenarbeit leisten, um Keys zu berechnen. Beides macht solche deterministischen Wallets unglaublich effizient.

Als Nutzer brauchst du dir über all das wenig Gedanken machen. Du weißt ganz einfach, dass du eine solche Wallet hast, indem du dir 8, 12 oder 24 Wörter und keinen Private Key aus Zahlen und Ziffern aufschreiben musst. Die deterministische Wallet nutzt dann den Seed, konvertiert ihn in den ersten Key und prüft dann alle Private Keys, die durch den Algorithmus erzeugt werden, ob Coins damit assoziiert sind oder nicht. Nach einer gewissen Anzahl an noch nie benutzten Private Keys, hört die Wallet auf, zu testen. Wenn also der neunte Key irgendwann noch Coins enthielt aber keiner der folgenden, würde die Wallet zum Beispiel noch 100 weitere Keys bis zur Nummer 109 prüfen und dann die Anzahl der gesamten Coins als eine Zahl in der Wallet anzeigen.

WICHTIG

Da die Wallet automatisch alle Private Keys überprüft, kann man natürlich Coins sowohl an „alte" oder „neue" Adressen senden. Solange eine Adresse jemals in der Wallet angezeigt wurde, bekommst du die Coins auch. Für erhöhte Sicherheit und Privatsphäre macht es jedoch Sinn, immer eine neue Adresse zu verwenden.

Wir haben jetzt darüber gesprochen, was Blockchain und Kryptowährungen sind, wie Mining funktioniert, wie Kryptowährungen entstehen und was Wallets sind. Gehen wir nun auf einige der Probleme ein, mit denen Blockchains konfrontiert sein könnten.

KAPITEL 7 – BLOCKCHAIN-FORKS UND -ANGRIFFE

Da eine Blockchain eine Gemeinschaftsaufgabe ist, kann es immer wieder vorkommen, dass ein Teil dieser Gemeinschaft nicht immer mit dem übereinstimmt, was die anderen wollen. Wir haben dies im Abschnitt über Orphan Blocks bereits behandelt, wo dies ungewollt und ohne weitere Probleme auftritt. Die Gemeinschaft kann dies jedoch auch auf organisierte Weise tun, indem sie versucht, die Blockchain in zwei Stränge aufzuteilen und diese dann aber nicht, wie bei Orphan Blocks, wieder zusammenzufügen. Dies geschieht, um als Fork neue Ideen umzusetzen, aber auch um die Blockchain als Ganzes anzugreifen. Sprechen wir zuerst über Forks und decken anschließend das Thema der Angriffe ab.

Was ist ein Fork?

Ein Fork (zu Deutsch: Gabelung) bedeutet, dass der Konsensus in einer Blockchain-Community aufgrund einer mehr oder weniger radikalen Änderung des zugrundeliegenden Protokolls in zwei oder mehr aufgeteilt wird.

Wann immer eine Aktualisierung des ursprünglichen Blockchain-Codes vorgeschlagen wird, muss entweder ein Soft- oder ein Hard-Fork initiiert werden, damit diese Änderungen wirksam werden. Manchmal kann es sich um etwas Kleines wie ein simples Update handeln, aber manchmal geht es um etwas Großes, wie etwa eine Änderung der Coin-Anzahl.

Was ist ein Soft-Fork?

Ein Soft-Fork funktioniert wie ein Update des bestehenden Protokolls. Ältere Versionen werden immer noch akzeptiert, aber diese älteren Versionen haben die neueren Funktionen nicht. Verwenden wir WhatsApp als ein vertrauteres Beispiel. Wenn es eine neue WhatsApp Version im App Store gibt, du deine alte jedoch NICHT aktualisierst, bedeutet dies, dass du möglicherweise einige neue Funktionen nicht verwenden kannst. Du wirst aber deine Freunde NICHT verlieren und du kannst immer noch die alten Funktionen nutzen. Das Gleiche gilt für einen Soft-Fork bei einer Blockchain:

Ein Soft-Fork funktioniert wie ein neues Update und ist RÜCKWÄRTSKOMPATIBEL. Der Konsensus wird nicht angegriffen und daher teilt sich die Blockchain normalerweise NICHT in verschiedene Stränge auf.

Es gibt hierzu Ausnahmen, wie Bitcoin dies im August 2017 mit SegWit (Segregated Witness) zeigte. SegWit war zwar ein Soft-Fork (Update) für das Bitcoin-Protokoll, allerdings hatte es einige Features enthalten, die keinen einheitlichen Konsensus erlauben würden. Dies war aber eine Ausnahme von der Regel, denn im Allgemeinen passieren solche Soft-Forks regelmäßig und ohne großes Aufsehen, um die Funktionalität einer Blockchain stetig zu verbessern.

Was ist ein Hard-Fork?

Ein Hard-Fork wirkt sich drastischer aus. Um das WhatsApp-Beispiel von zuvor zu verwenden: Stelle dir vor, deine Freunde sind mit einigen Funktionen in WhatsApp unzufrieden, aber anstatt es zu aktualisieren, entscheiden sie sich dafür, eine völlig andere App zu nutzen. Dies ist ein echter Split / Fork und wenn deine Freunde nicht beides nutzen wollen, musst du dich entscheiden, welcher Gruppe du angehören willst, weil diese Apps NICHT miteinander kompatibel sind.

Ein Hard-Fork verursacht immer einen Split / Fork der Blockchain, da ein neu vorgeschlagenes Upgrade NICHT rückwärtskompatibel mit der vorherigen Version ist und sich der Konsensus zwischen den Gruppen somit unterscheidet.

Hard-Forks kommen selten vor, aber wenn, ziehen sie massive Aufmerksamkeit auf sich, weil sich Leute für eine Seite entscheiden müssen. Eine berühmter Hard-Fork geschah im Juli 2016 an der Ethereum-Blockchain, nachdem es einem Angreifer im Juni 2016 gelungen war, aus einem digitalen Smart-Contract knapp 60 Millionen Euro an Ether zu stehlen. Während sich ein Teil der Community entschied, dies ungeschehen zu machen, drängte ein anderer Teil der Community darauf, dass „der Code Gesetz sei", und auch wenn das, was passiert ist, nicht wünschenswert sei, sollte es nicht manipuliert werden. Nachdem sich die Gruppen nicht einigen konnten, folgte ein Fork der Blockchain in Ethereum (ETH) und Ethereum Classic (ETC). Ironischerweise behielt der Fork, der sich abspaltete, den ursprünglichen Namen Ethereum, obwohl sie es waren, die das Geschehene veränderten.

Was passiert mit den Coins während eines Forks?

Bei einem Fork ist es besonders wichtig, dass man den Private Key selbst kontrolliert und ihn nicht einer Exchange oder einer anderen dritten Partei anvertraut. Da beide neuen Chains auf der Vergangenheit der ursprünglichen Chain aufbauen, kann dein Private Key nun auch die Coins auf BEIDEN Chains kontrollieren. Das führt zuerst immer zu Verwirrung, aber wenn du dich daran erinnerst, dass du ja niemals Coins, sondern immer nur die Keys in einer Wallet hast, wird es klarer. Da der Key auch zuvor auf der ursprünglichen Chain die Coins kontrolliert hat, kontrolliert er jetzt eben die Coins auf beiden neuen. In dem beschriebenen Beispiel von Ethereum hatte man zuerst

1 ETH auf der ursprünglichen Chain und nach dem Fork 1 ETC UND 1 ETH. Beim Wert dieser neuen Coins dreht sich alles um Angebot und Nachfrage und hat viel damit zu tun, wie viel Vertrauen die Gemeinschaft in jeden Coin jeweils hat. Wenn der Wert des ursprünglichen Coins vorher 10 Euro war, so sollte normalerweise die Summe der beiden geforkten Coins immer noch 10 Euro (zum Beispiel 1 Euro + 9 Euro) betragen. Wenn man jedoch einige der Probleme berücksichtigt, die während des Forks auftreten, ist der Gesamtwert danach oft weniger als zuvor.

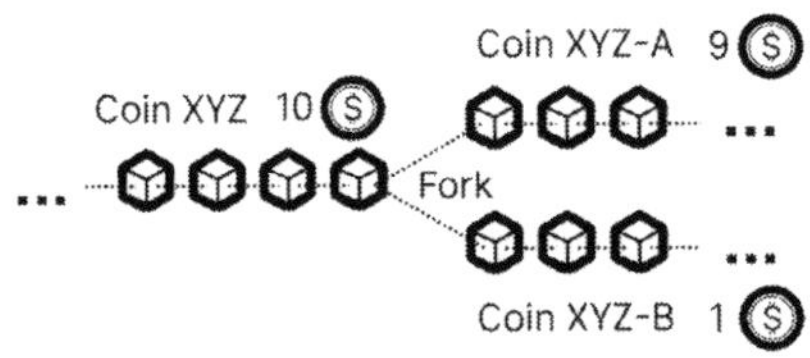

Figure 14

Warum kreiert nicht jeder Fork neue Coins?

Am 7. Oktober 2011 schlug Charlie Lee, ein früherer Mitarbeiter von Google, vor, den Bitcoin-Code mit einigen neuen Implementierungen als neuen Coin namens Litecoin zu forken: Beispielsweise sollten Blöcke nur 1/4 der Zeit von Bitcoin dauern (2,5 Minuten bei Litecoin vs. 10 Minuten bei Bitcoin). Die maximale Anzahl an Coins wurde auf das Vierfache erhöht (84 Millionen Litecoins gegenüber 21 Millionen bitcoins). Außerdem wurde ein neuer Mining-Algorithmus (Scrypt bei Litecoin vs. SHA256 bei Bitcoin) implementiert. Offensichtlich war dies NICHT mit Bitcoin kompatibel und so kam es zu einem Fork. In diesem Fall begann dieser jedoch mit einem völlig neuen Genesis-Block (Block Nr. 0), was dazu führte, dass Leute keine zusätzlichen Coins bekamen, da Litecoin auf der Code- und nicht auf der Blockchain-Basis geforkt wurde. Dies bedeutet, dass Charlie den Code kopierte und änderte, um dann mit einer neuen Blockchain von vorne zu beginnen, anstatt die vorhandene Historie mitzunehmen. Jeder, der sich für Litecoin interessierte, musste entweder am Mining teilnehmen oder Litecoins von den Minern kaufen. Es war ein richtiger Reset mit einem Neustart.

Litecoin ist einer der ersten Forks von Bitcoin (der erste war eigentlich Namecoin) und der berühmteste. Einer der Gründe, warum Litecoin überlebt hat, ist der Wechsel des Mining-Algorithmus, der Bitcoin-Miner davon abgehalten hat, die Litecoin-Chain anzugreifen. Wie solche Angriffe im Detail funktionieren, werden wir in Kürze besprechen.

Warum kann nicht jeder einfach eine Blockchain forken?

Theoretisch könnte das jeder, aber es bedarf eines gewissen Aufwands. Zuerst muss man genug Nachfrage für einen neuen Coin erzeugen, sonst ist der neue Fork wertlos. Weiters muss man das Problem der Mining Difficulty lösen. Die Mining Difficulty stellt sich immer auf ein Niveau ein, sodass das gesamte Netzwerk eine bestimmte Zeit benötigt (zum Beispiel 10 Minuten im Falle von Bitcoin), um einen neuen Block zu finden (das Rätsel zu lösen). Wenn die Community sich halbiert oder sich, wie im Beispiel von Bitcoin (BTC) und Bitcoin Cash (BCH) im Jahr 2017, in 90 % BTC und 10 % BCH aufsplittet, so wird die BCH-Gemeinschaft zehn mal länger (100 Minuten) benötigen, um einen neuen Block zu finden, als noch vor dem Fork. Das mag zunächst nicht allzu schlimm klingen, aber es verursacht eine Menge Ungewissheit, was nicht gut für den Preis des neuen Coins ist. Während die Strom- und Gerätekosten die gleichen bleiben wie vor der Abspaltung, ist nun nicht klar, wann und wie oft die Mining Rewards ausgezahlt werden. Das mindert natürlich das Interesse der Community, was es wiederum unattraktiv macht, den Coin überhaupt zu forken. BCH tat sich während der ersten Tage mit genau diesem Problem sehr schwer, und hätte es nicht mehrere politische und wirtschaftliche Interessen gegeben, BCH überleben zu lassen, so hätte es – genau wie 99 % aller Forks – wahrscheinlich nicht überlebt. Abgesehen von der Mining Difficulty können sogenannte Replay Attacks auftreten.

Was sind Replay Attacks?

Replay Attacks (zu Deutsch: Kopie-Attacken) passieren, wenn jemand nach einem Fork eine Transaktion von der einen Chain auf den anderen Fork kopiert und dort ebenfalls ausführt.

Wie ist das möglich? Ganz einfach: Da eine Transaktion mit einem geheimen Private Key unterschrieben wird, ist die resultierende Transaktions-ID (Puzzleteil) einzigartig. Die andere Kette hat jedoch die gleichen Regeln und dieselbe Historie. Eine Person muss also lediglich die Transaktions-ID kopieren und sie auf der anderen Chain erneut aussenden. Wenn man zum Beispiel auf einer Kette einen Coin verschicken wollte, verschickt man die Coins nun auch auf der anderen Kette, was wirtschaftlich drastische Folgen haben kann (man hat plötzlich doppelt bezahlt). Dies kann vermieden werden, indem von den Programmierern eine Replay-Protection (zu Deutsch: Kopierschutz) installiert wird. Gerade am Anfang implementieren viele Forks das nicht, was massive Probleme beim Senden verursacht. Genau das passierte auch in den ersten Wochen des ETH / ETC Forks und es dauerte ein paar weitere Wochen, bis das Chaos gelöst war.

Was sollte man während eines Forks tun?

Am besten wartet man während eines Forks ab, bis sich der Staub und das Chaos wieder gelegt haben. Sobald Exchanges und Wallets den neuen Coin listen und eine Replay-Protection installiert worden ist, kann man ihn verschicken, verkaufen oder kaufen.

Abgesehen von mehr oder weniger legitimen Versuchen, eine Blockchain zu forken, können Miner auch Attacken auf die Blockchain ausführen.

Was sind Blockchain-Attacken?

Blockchain-Attacken sind Angriffe auf den Konsensus der Blockchain. Sie sind heute bei großen Blockchains nicht mehr relevant, da sie sehr schwer zu erreichen sind und von der Community sofort aufgedeckt werden. In spieltheoretischen Begriffen ausgedrückt, gibt es einen Punkt in einer Blockchain, an dem der Angriff weit weniger rentabel ist als die Kosten, um ihn durchzuführen. Zur Info: Spieltheorie erstellt mathematische Modelle, wie sich intelligente und rationale Entscheidungsträger in bestimmten Szenarien verhalten.

> **WICHTIG**
> Je größer und dezentraler eine Blockchain-Community ist, desto weniger wahrscheinlich kann sie angegriffen werden.

Im Falle von Bitcoin ist klargeworden, dass der einzig „wirklich profitable Angriff“ der ist, wo Blöcke zurückgehalten werden.

Warum würden Miner Blöcke zurückhalten?

Blöcke zurückzuhalten, macht auf den ersten Blick absolut keinen Sinn, denn wenn ein Miner seinen neu gefundenen Block nicht sendet, erkennt der Rest der Gemeinschaft diesen nicht an, und der Miner verdient seinen Block Reward nicht. Warum sollte er das also tun? Mining ist eine Wahrscheinlichkeitsrechnung. Es dauert im Durchschnitt 10 Minuten, einen Block zu finden, doch es gibt Fälle, in denen jemand einen Block deutlich früher, zum Beispiel bereits nach 3 Minuten, findet. Angenommen, er behält ihn jedoch für sich, während der Rest der Community nichtsahnend weiter nach einem gültigen Block sucht. Nehmen wir an, der Rest braucht die durchschnittlichen 10 Minuten, um ihn zu finden und vom gesamten Netzwerk aufgenommen zu werden. Jetzt könnte man denken, dass der Miner, der nach nur 3 Minuten einen Block gefunden hat, seine Belohnung verloren hat, denn selbst, wenn er jetzt seinen Block sendet, wird er vom Netzwerk abgelehnt, da es bereits einen Block mit derselben Blocknummer gibt. Das ist einem solchen Miner jedoch klar, und er macht das, weil er nach den 3 Minuten versucht, den nächsten Block abermals vor allen anderen zu finden. Angenommen, der Rest der Miner braucht wieder die durchschnittlichen 10 Minuten, also 20 Minuten für beide Blöcke, so hat der einzelne Miner etwa 16 Minuten für den zweiten Block, um immer noch schneller zu sein. Er wird diese auch definitiv brauchen, da er alleine definitiv länger als 10 Minuten für den Block mined. Nehmen wir an, er findet diesen nächsten Block schneller als der Rest. Er kann nun BEIDE Blöcke an das Netzwerk senden und da beide Blöcke GÜLTIG sind und nun die LÄNGSTE KETTE konstituieren, lässt jeder andere Miner den alten Block fallen und springt auf den neuen Block auf. Der „verwaiste Block" wird zu einem Orphan Block und der Miner erhält den Blockreward für BEIDE Blöcke. Der Miner ist hierbei nicht wirklich bösartig, indem er versucht, das Netzwerk wie bei einer 51%-Attacke oder etwas Ähnlichem anzugreifen, sondern betrügt das System, um eine höhere Belohnung zu erhalten.

Was ist eine 51%-Attacke?

Bei einer 51%-Attacke schließen sich über 51 % der Hash-Power zu einer Gruppe zusammen, um nun den Konsensus der dezentralen Community zu kontrollieren. Dies schließt Transaktionen, Zensur und so ziemlich alles, was mit der Blockchain zusammenhängt, mit ein. Eine 51%-Attacke würde ein dezentrales System zentralisieren.

Eine solche Attacke ist jedoch sehr hypothetisch, da nicht nur über 51 % der Miner zusammenarbeiten müssten, sondern auch keiner der anderen 49 % dies bemerken dürfte. Sobald die 49 % die Attacke bemerken, würden sie anfangen, sich über die Zentralisierung zu beklagen, gefolgt vom Verkauf ihrer Coins. Beides würde den Wert der Coins deutlich senken und die Leute, die den 51 % Angriff versuchen, würden höchstwahrscheinlich keinen bedeutenden Gewinn haben – wenn überhaupt. Nehmen wir jedoch an, 51 % einer Blockchain-Community schaffen es, einen solchen Angriff durchzuführen, ohne dass es die anderen merken. Was könnte diese Gruppe anstellen? Erstens könnten sie Transaktionen von und an bestimmte Personen blockieren, indem sie deren Transaktionen einfach nicht in Blöcke inkludieren. Selbst, wenn Miner der Minderheit diese aufnehmen würden, so würde die 51 %-Gruppe durch die erhöhte Hashing-Power immer die längste Kette haben, welche der Rest aufgrund des Algorithmus automatisch als Konsensus akzeptiert. Zweitens könnte diese 51 %-Gruppe Double Spending durchführen, indem sie die gleichen Coins in sehr kurzen Zeitabständen an unterschiedliche Leute doppelt versendet. Da diese Leute den Konsensus erschaffen, können sie zuerst die eine und dann die andere Transaktion als „Realität" erscheinen lassen. Drittens könnten sie, falls die Hashing-Power bedeutend größer als 51 % ist, sogar die Transaktionshistorie der Blockchain ändern. Da sie jeden einzelnen alten Block noch einmal neu und gleichzeitig auch die aktuellen neuen Blöcke minen müssten, wäre dies zwar möglich, doch mit einem unglaublichen Aufwand verbunden.

Eine 51 %-Attacke ist höchst unwahrscheinlich und meistens nicht wirtschaftlich, auch wenn sie es auf den ersten Blick erscheinen mag. Der nächste Angriff, ist ebenfalls sehr theoretisch und kommt heutzutage praktisch nicht mehr vor: Die Sybil-Attacke.

Was ist eine Sybil-Attacke?

Eine Sybil-Attacke funktioniert, indem man die Teilnehmer am Konsensus zu einem sehr niedrigen oder sogar kostenlosen Preis „erstellt", um so den Konsensus-Algorithmus im eigenen Interesse zu beeinflussen, indem diese gefälschten Teilnehmer für einen „abstimmen". Der Grund, warum Mining nicht kostenlos sein kann, ist genau dieser Angriff. Die Kosten, um solche gefälschten Teilnehmer zu erstellen, sind deutlich höher und damit teurer als der theoretische Gewinn, da alle legitimen Blockchains „Kosten" für die Teilnahme am Konsensus haben (Mining). Es ist daher schwierig und unrentabel, einen solchen Angriff durchzuführen.

Bei allen Attacken und Forks gilt: Je mehr Menschen an einer Blockchain teilnehmen, desto stabiler wird sie und umso theoretischer bzw. kostspieliger werden Attacken und Forks. Das führt zur folgenden Frage: Wenn all diese Angriffe und Hacks nicht so relevant sind, was könnte dann eine Blockchain zerstören?

KAPITEL 8 – KANN MAN EINE BLOCKCHAIN ZERSTÖREN?

Lasst uns ein paar potenzielle Angriffspunkte einer Blockchain diskutieren, und wie sich diese auf eine potentielle Zerstörung auswirken würden.

Quantencomputer

Eine Blockchain erhält ihr Vertrauen durch Kryptographie. Wenn diese Kryptographie fehlschlägt, wird es auch kein Vertrauen in diese neue Technologie geben. Leute nennen das „eine Blockchain hacken". Wenn wir heute von einem Blockchain-Hack in der Presse hören, so bedeutet das, dass ein Private Key gestohlen oder eine Datenbank gehackt wurde, nicht die Blockchain selbst. Quantencomputer, die die Kryptographie-Algorithmen rückrechnen können, wodurch ein Private Key von der Public Address bekannt und jeglicher Schutz redundant gemacht werden würde, könnten tatsächlich eine Blockchain hacken. Während dies zwar in der Theorie korrekt ist, so sieht die Praxis anders aus. Es werden heute bereits quantencomputerresistente Kryptographien verwendet, die auch in die Blockchains von Bitcoin oder Ethereum implementiert werden könnten. Außerdem hätten dann nicht nur Blockchains ein Problem, sondern das gesamte Internet, welches ja ebenfalls größtenteils auf Kryptographie aufbaut. Für den Fall, dass bekannt werden würde, dass ein Computer den Code „brechen" könnte, würde es dann zunächst zu einem scharfen Vertrauens- und Preiseinbruch kommen, gefolgt von einer Anpassung des Protokolls zur Wiederherstellung der Blockchain und einem starken Preisanstieg, da das Vertrauen wiederhergestellt wurde. Eine echte Zerstörung einer Blockchain ist auf diese Weise nicht wirklich möglich.

Regulierung / Verbote

Die zweite Gefahr, die bei Kryptowährungen immer wieder erwähnt wird, ist, dass Länder oder Regierungen Kryptowährungen regulieren oder sogar verbieten. Das Argument macht Sinn: Da dezentrale Kryptowährungen eine Gefahr für zentralisierte Währungen solcher Gesetzgeber darstellen, sollten Banken und Aufsichtsbehörden ein Interesse daran haben, Kryptowährungen zu unterdrücken. Dieser Logik unterliegt jedoch ein großer Fehler: Regierungen LIEBEN Kryptowährungen ... solange sie diese einigermaßen kontrollieren können. Warum? Überlege einmal, was eine Blockchain als transparente Transaktionsübersicht einer Regierung erlauben würde: Wenn man erst einmal weiß, wer die Kontoinhaber sind, kann man mit einem Klick alle Einnahmen, Ausgaben, Steuern usw. verfolgen. Ein wahres Regierungsparadies! Ich weiß deshalb aus erster Hand, dass viele Zentralbanken genau aus diesem Grund selbst an Kryptowährungen arbeiten und diese nicht verbieten wollen. Persönlich bin ich nicht dagegen, dass sie es tun, solange die Leute den Unterschied zwischen einer öffentlichen Kryptowährung wie Bitcoin und einer kontrollierten, wie sie von einem Land geschaffen wird, kennen. Das ist auch einer der Gründe, warum wir bei TenX an dem Protokoll namens COMIT arbeiten (www.comit.network), wo wir öffentliche und private Blockchains miteinander verbinden können. Dies ermöglicht selbst denjenigen, die Teil einer privaten Kryptowährung sind, Zugriff auf die vollständig geöffneten zu bekommen.

Warum stoppen die Länder dann nicht einfach nur die öffentlichen Kryptowährungen und bieten nur mehr die eigenen an? Die Länder wissen, dass etwas Digitales, Open Source und Dezentrales nicht wirklich gestoppt werden kann. Wie sollte das auch funktionieren? Bitcoin zum Beispiel ist KEINE Firma. Es gibt nichts zu schließen. Kryptowährungsanwendungen für ungültig erklären? Sie sind Open Source, weshalb das nicht möglich ist. Unternehmen für illegal erklären? Das würde nur bei Exchanges funktionieren, aber selbst diese werden immer mehr dezentralisiert. Illegalisierung von Mining? Wie könnte das jemand überprüfen? Wenn ein Land wirklich versucht, öffentliche Blockchains zu blockieren, dann ist das, was sie am Ende bekämen, ein schlechter Ruf für ihre eigene private Blockchain und eine Menge illegaler Nutzung der öffentlichen Blockchain durch diejenigen, die sich nicht um das Gesetz kümmern. Kein wünschenswertes Ergebnis.

Regulierungen oder Verbote können also auch nicht zu einer Zerstörung einer Blockchain führen, aber nachdem Blockchains Kommunikationsmedien benötigen, warum also nicht einfach das Internet herunterfahren um sie zu stoppen?

Abschalten / Zensur des Internets

Ohne das Internet könnten die Leute keine dezentrale Kommunikation führen – ist es also eine Gefahr für Blockchains, dass jemand das Internet abstellt oder zensiert, um eine Blockchain zwar nicht direkt zu zerstören, jedoch zu stoppen? Abgesehen von der Tatsache, dass es unmöglich ist, das Internet als das größte dezentrale System überhaupt herunterzufahren, überlege einmal, wie viele Anwendungen, die für den täglichen Gebrauch lebenswichtig sind, das Internet nutzen. Selbst wenn es der Regierung gelänge, gewisse Zugänge zu zensieren, könnten die Open Source-Apps sofort auf alternative Ports ausweichen. Weiters würden sogenannte Mesh-Netzwerke auftauchen. Mesh-Netzwerke sind wahre Peer-to-Peer-Netzwerke, bei denen die Leute Informationen über andere Personen, anstatt über Server und Router, senden. Das Internet ist nichts anderes als ein Netzwerk für Informationen. Das Abschalten dieses Netzwerks würde bedeuten, Zugänge zu den Routern und Servern zu entfernen. Wenn die Leute nun jedoch die Informationen direkt übertragen, bräuchte man diese Zugänge gar nicht. Zum Beispiel während Protesten versuchen manche Länder, diese dadurch zu unterdrücken, indem sie den Internetzugang der Menschen kappen. Menschen bauen dann aber rasch ein Mesh-Netzwerk über Bluetooth und direkte drahtlose Verbindungen miteinander auf, und binnen ein paar Tage sind zumindest Basisfunktionen, wie der Nachrichtenversand, wiederhergestellt. Genau dasselbe würde bei einer Kryptowährung auch passieren und um noch einen Schritt weiter zu gehen: Eine Gruppe in Bitcoin denkt tatsächlich darüber nach, spezielle Satelliten in den Weltraum zu schicken, um die Unabhängigkeit und Nachhaltigkeit von Bitcoin sicherzustellen, Das Internet herunterzufahren, um eine Blockchain zu zerstören, ist daher nicht wirklich zielführend.

Ein Einwand von Kritikern einer Blockchain war auch eine der ersten E-Mail-Antworten, die Satoshi 2008 zu seinem Bitcoin-Whitepaper bekam: „Die Speicherung aller Daten einer Blockchain wird viel zu viel Speicherplatz verbrauchen und kann sich so niemals durchsetzen!“

Blockchain-Größen

Wir haben diesen Einwand bereits im Mining behandelt, aber wir wollen ihn noch einmal aufgreifen. Im Jahr 2017 ist die Bitcoin-Blockchain fast 200 Gigabyte groß und fügt alle 10 Minuten 1 neues Megabyte hinzu. Ethereum ist noch größer, weil es aufgrund der erhöhten Datenmenge noch schneller wächst. Abgesehen davon, dass es immer bessere Datenkomprimierungen wie SPV gibt, wie kann man diesem Einwand also widersprechen?

Erstens steigen Transaktionsgeschwindigkeiten und Speicherungsmöglichkeiten exponentiell. Vor zwanzig Jahren hatte eine Diskette lediglich 1 MB Platz. Vor zehn Jahren haben wir mit der Berechnung in Gigabytes begonnen und heute haben die meisten Festplatten Terabytes an Speicherplatz. Dies sind alles tausendfache Verbesserungen innerhalb von jeweils zehn Jahren. Wenn man sich die Geschwindigkeit des Internets anschaut, sieht man ein ähnliches Muster: Vor zwanzig Jahren galt ein 64K-Modem, das einige Kilobyte pro Sekunde erledigen konnte, als großartig. Vor zehn Jahren wurde mit dem Aufkommen von Breitband das Streaming mit einigen Megabytes pro Sekunde möglich. Heute können wir Transaktionen mit einer Geschwindigkeit von fast 1 Gigabyte pro Sekunde durchführen, was der gleichen tausendfachen Verbesserung wie bei den Speicherkapazitäten entspricht. Wenn beide nur mit einem Bruchteil dieser Geschwindigkeit weiter ansteigen, wonach es derzeit ohne Weiteres aussieht, werden wir in nächster Zeit keine signifikanten Blockchain-Größenprobleme bekommen. Es ist eine exponentielle Technologie, die mit dem linearen Wachstum einer Blockchain ohne Weiteres Schritt hält.

Zweitens gibt es immer mehr Lösungen in Form eines „regionaleren“ Ansatzes, bei dem Nodes nicht die gesamte Blockchain speichern müssen, sondern nur die Informationen der „umliegenden Nachbarn“. Systeme wie COMIT (www.comit.network) bauen auf einem solchen Peer-to-Peer-Modell auf und würden die Notwendigkeit, alle Daten zu speichern, und die damit verbundenen Probleme wie Größe und Wachstum einer Blockchain eliminieren.

Wenn also keines der genannten Dinge eine Blockchain zerstören könnte, was wäre dann ein tatsächliches Problem? Die Antwort könnte dich überraschen, denn es ist das gleiche, was die Notwendigkeit einer Blockchain überhaupt erst geschaffen hat: ein zentralisiertes System.

Zentralisierung

Blockchain-Technologie hat hauptsächlich dadurch, dass wir einem zentralisierten System nicht trauen, ihre Daseinsberechtigung. Wenn jedoch in einem zentralisierten System tatsächlich volles Vertrauen herrschen würde, wären Blockchains, einschließlich ihrer Anwendungen wie Kryptowährungen, nicht mehr notwendig. Ein dezentralisiertes System bringt Kosten, eine teilweise langsamere Geschwindigkeit, mangelndes Verantwortungsbewusstsein und Starrheit mit sich – alles Dinge, für die wir gern Kompromisse eingehen wollen, da eine Blockchain der Gemeinschaft ermöglicht, die Kontrolle zu behalten, ohne jemandem anderes vertrauen zu müssen.

Was eine Blockchain töten könnte, ist das volle Vertrauen einer Gemeinschaft in eine zentralisierte Macht.

Aber wie wahrscheinlich ist es, einen wohlwollenden Diktator zu haben, der die vollständige Kontrolle und trotzdem das ganze Vertrauen hat? Persönlich sehe ich niemanden oder nichts, der/das in naher Zukunft beide Gegensätze in sich vereint. Auch wenn dies der Blockchain-Killer wäre, bin ich daher davon überzeugt, dass Blockchains und ihre Anwendungen einen ebenfalls so großen Platz in der Gesellschaft haben werden wie das Internet. Auch wenn Dezentralisierung hervorragend ist, gehöre ich NICHT zu der Gruppe von Menschen, die glauben, dass sie der einzige Weg nach vorne ist. Der Grund, warum ich Blockchains, Dezentralisierung und Kryptowährungen liebe, ist, dass sie Leuten eine Wahl geben. Man kann weiter die zentralisierten Services nutzen, man muss aber nicht. Einige zentralisierte Organisationen werden genau das erkennen und verstehen, dass sie, wenn sie eine Daseinsberechtigung haben wollen, ihren Nutzern das Beste aus beiden Welten bieten müssen.

Dezentralisierung ist der dringend benötigte Gegenspieler der Zentralisierung.

Wir haben Begriffe wie Privatsphäre, Anonymität und Transparenz in diesem und in den Kapiteln zuvor bereits angerissen, und im nächsten Kapitel werden wir uns ansehen, was sie eigentlich bedeuten und wie privat Kryptowährungen wirklich sind.

KAPITEL 9 – PRIVATSPHÄRE, ANONYMITÄT UND TRANSPARENZ

Wir haben uns schon in einem früheren Kapital gefragt, ob Kryptowährungen eine gute Möglichkeit sind, Geld zu waschen, illegale Dinge zu tun oder Steuern zu vermeiden. In den Medien oder am Stammtisch geht oft das Gerücht um, dass Kryptowährungen so privat, anonym und intransparent sind, dass niemand weiß, was unter der Haube passiert. Schauen wir uns an, was Fakt und was Fiktion ist, doch dazu müssen wir zuerst einige grundlegende Terminologien definieren.

Was ist Privatsphäre?

Privatsphäre ist die Fähigkeit einer Person oder einer Gruppe, sich selbst oder Informationen über sich selbst zu verstecken und sich dadurch so auszudrücken, wie sie das will (https://en.wikipedia.org/wiki/Anonymität). Wenn es um Geld geht, sind zwei Komponenten der Privatsphäre besonders wichtig: Anonymität und Transparenz. Dies ist die mathematische Formel dazu:

$$P = A / T$$

Privatsphäre ist am höchsten, wenn die Anonymität am höchsten und die Transparenz am niedrigsten ist.

Was ist Anonymität?

Anonymität bzw. das Adjektiv „anonym" leiten sich aus dem griechischen Wort ἀνωνυμία, anonymia, ab und bedeuten „ohne einen Namen" oder „Namenlosigkeit" (https://en.wikipedia.org/wiki/Anonymity). Im Falle von Geld bedeutet Anonymität, dass niemand weiß, wer sich hinter einer Kryptowährungsadresse verbirgt. Da eine Blockchain nicht zwischen Alter, Rasse, Herkunft, Geschlecht oder Bildung unterscheidet, scheint es bei Kryptowährungen vorerst eine hundertprozentige Anonymität in Bezug darauf zu geben, wer oder was einen zufälligen Private Key generiert hat. Aufgrund der Anonymität wäre deshalb die Privatsphäre 100 %.

Was ist KYC, KYB, AML und CTF?

Nicht zu wissen, wer wer ist, wäre ein regelrechter Albtraum für eine Regierung. Deshalb fordern zentrale Behörden im Falle von Kryptowährungen Exchanges (auch uns bei TenX) dazu auf, Anti-Geldwäsche (AML), Terrorismusbekämpfung (CFT) und Kundendaten (KYC oder KYB) zu kontrollieren. Deshalb musst du bei den meisten Services deinen Pass und einen Adressnachweis hochladen.

Abgesehen davon, dass die Anonymität durch Exchanges dramatisch sink, gibt es noch die zweite Komponente der Privatsphäre, welche das Gleichgewicht komplett verschiebt: Transparenz.

Was ist Transparenz?

Transparenz, nicht in der Definition von Licht, das durch etwas scheinen kann, sondern in dem Sinne, wie es in der Wirtschaft, den Geisteswissenschaften und in anderen sozialen Kontexten verwendet wird, impliziert Offenheit, Kommunikation und Verantwortlichkeit. Transparenz bedeutet, dass andere leicht erkennen können, welche Aktionen ausgeführt werden. Für Geld bedeutet dies, dass die Wege der Geldflüsse bekannt sind – und das ist der Punkt, in dem die meisten Blockchains sogar über die gesamte Geschichte hinweg zu 100 % transparent sind. Es gibt einige neuere Technologien wie Zero-Knowledge-Proofs und Ringsignaturen, auf die wir in einem späteren Kapitel eingehen werden, die die Transparenz verringern, doch derzeit kann man davon ausgehen, dass eine Blockchain absolut transparent ist. Auf die Formel von zuvor bezogen, bringt das ein interessantes Gleichgewicht: Was bedeutet es für die Privatsphäre, wenn sowohl die Anonymität als auch die Transparenz bei einer Kryptowährung praktisch unendlich hoch sind? Da dies einen interessanten Effekt auf die Privatsphäre erzeugt, nennen die Leute Kryptowährungen pseudo-anonym.

Was bedeutet pseudo-anonym?

Pseudo-anonym bedeutet, dass ein Computer aufgrund der hohen Transparenz (was passiert) und obwohl die Anonymität auf den ersten Blick sehr hoch ist, Transaktionen rückrechnen, die fehlende Information zur Identität zusammensetzen und somit die Anonymität reduzieren könnte. Das würde genügen, selbst wenn die eigentliche Identität nie zum Vorschein kommt, um herauszufinden, wer wer ist und wer zum Beispiel ein bestimmtes Finanzverbrechen begangen hat oder nicht. Dass dies nicht nur theoretisch funktioniert, sondern bereits mehrmals von Regierungen angewendet worden ist, zeigt das folgende Beispiel.

Eignen sich Kryptowährungen für illegale Aktivitäten?

Leute glauben, dass Kryptowährungen für illegale Aktivitäten besser geeignet sind als normales Fiat-Geld. Die höchste Form der Privatsphäre hat jedoch bares Geld: niemand weiß, wem es gehört und an wen es weitergegeben wird. Deswegen wollen es Regierungen loswerden. Steuerhinterziehung und andere Verbrechen würden dadurch buchstäblich auf Knopfdruck aufgedeckt werden. Genau das hat sich im Falle von Ross Ulbricht 2015 gezeigt, der wegen Geldwäsche und Drogenhandel mit Kryptowährungen zu lebenslanger Haft verurteilt wurde (https://de.wikipedia.org/wiki/Ross_Ulbricht). Dieses Verbrechen mit Fiat-Geld aufzudecken, wäre um ein Vielfaches schwieriger gewesen, bei Kryptowährungen hatten die Ermittler über die Blockchain jedoch Zugriff auf seine gesamte Transaktionshistorie. Als dann ein paar Male die Anonymität bei einigen Transaktionen durchsickerte, war es nicht nur ein Einfaches, seine Identität herauszufinden, sondern gleichzeitig sogar noch ein Beweis dafür, dass er illegale Tätigkeiten durchgeführt hatte. Bei Fiat-Geld wäre dies deutlich komplizierter gewesen und so zeigte sich einmal mehr, dass Kryptowährungen NICHT für illegale Aktivitäten geeignet sind, auch wenn es der Unwissende denken mag.

Die Waage zwischen Intimität und Geheimnistuerei

Ich möchte hier einen wichtigen persönlichen Zusatz hinzufügen: Während ich absolut dagegen bin, irgendwelche Verbrechen zu begehen, bin ich für ein gewisses Maß an Intimität (ein Maß an Privatsphäre, das die meisten Menschen in ihrem Leben haben wollen und sollen). Menschen sollten in der Lage sein, in einem Krankenhaus zu bezahlen, ohne dass der gesamte Rest der Welt dies weiß. Offensichtlich gibt es eine schmale Linie, wenn eine solche Intimität in „Geheimnistuerei" (eine gewisse Transparenz, die oft mit bösartigem Verhalten verbunden ist) übergeht, und das ist es, was das Thema der Privatsphäre so schwierig macht. Wann ist zu viel und wann ist zu wenig davon vorhanden? Genau diese Frage stellen sich nicht nur Regierungen, sondern auch die Blockchainentwickler selbst, denn es gibt Kryptowährungen, welche komplett privat sind, wie du gleich lernen wirst.

KAPITEL 10 – ALTCOINS UND BITCOIN

Wir haben nun so ziemlich alle Grundlagen zu Blockchains und Kryptowährungen gelernt. Kommen wir nun zu einer Übersicht über die unterschiedlichen Coins und zu deren Anwendungen.

Was sind Altcoins?

Altcoins sind historisch als „jede andere Kryptowährung außer Bitcoin“ definiert.

Altcoins (= alternative Coins) sind einfach unterschiedliche Blockchains mit neuen Regelwerken, auf die sich die teilnehmenden Communitys geeinigt haben. Es ist wichtig, dass du, wenn du von einem neuen Coin oder einer neuen Blockchain hörst, welche wie Unkraut aus dem Boden sprießen, zuerst prüfst, ob dieser Coin legitim ist oder nicht. Eine Liste der meisten legitimen Kryptowährungen findest du auf www.coinmarketcap.com, doch auch hier schleichen sich hin und wieder Abzocken ein. Genau deshalb musst du bei jedem Coin deine Recherche tätigen, was auch auf die Coins, welche von mir hier beschrieben werden, zutrifft.

Wie erkennt man Scams, Abzocken und Betrügereien?

Es gibt keine einfache Anleitung, der du einfach nur folgen musst, um zu wissen, was ein Scam (zu Deutsch: Betrug) und was legitim ist. Ich werde jedoch versuchen, dir sieben Richtlinien zu geben, welche dir zumindest eine gute Ahnung bezüglich der Legitimität eines Coins geben sollten.

1. Wenn eine Kryptowährung **garantierte Renditen** verspricht, die deutlich höher als bei traditionellen Anlagen wie Immobilien oder Aktien (5–7 % pro Jahr) sind, deutet das auf einen Betrug hin. Niemand kann Renditen von mehr als ein paar Prozent pro Jahr versprechen. Sie sind möglich, aber definitiv nicht garantiert.

2. Wenn eine Kryptowährung **nicht Open Source** ist, was bedeutet, dass sie keine öffentliche Blockchain mit einer Transaktionshistorie hat, deutet dies auf einen Betrug hin.

3. Wenn eine Kryptowährung **hauptsächlich premined** ist und der Besitzer den Großteil der Währung (weit über 50 %) behält, könnte dies ein Betrug sein. Es gibt ein paar Ausnahmen, aber im Allgemeinen sollte man vorsichtig sein, wenn der Kreierer, der oft nicht bekannt ist, was sowieso stutzig machen sollte, durch den Eigenbesitz den Preis manipulieren kann.

4. Wenn eine Kryptowährung oder Mining über ein Network-Marketing-Modell als „**Geschäftsmöglichkeit**" vermarktet wird, handelt es sich höchstwahrscheinlich um einen Betrug. Es gibt legitime Network-Marketing-Modelle, doch diese fokussieren sich NICHT rein auf das Vermarkten, sondern auf das eigentliche Produkt. Zum Beispiel haben viele Firmen ein legitimes

Affiliate-System, bei dem man 5–10 % von jedem Kunden erhält, der über einen speziellen Link ein Produkt bezieht. Dies erhält man als Dankeschön für die Werbung und ist ein gängiges Geschäftsmodell vieler YouTuber und Social Media-Influencer. Wenn sich Firmen oder Kryptowährungen mehr auf die Rekrutierung anderer Leute als auf das Produkt oder die Dienstleistung konzentrieren, sollte man eher davon fernbleiben.

5. **Cloud-Mining-Möglichkeiten** sind meistens Scams. Das liegt an den dünnen Margen und am harten Wettbewerb in diesem Bereich, welche maximal ein paar Prozent an Gewinnen pro Jahr zulassen. Meistens zahlen diese Cloud-Mining-Unternehmen daher keine Mining-Gewinne aus, sondern leiten die Investitionen neuer Personen als Schneeballsystem an andere weiter, bis das System früher oder später kollabiert.

6. Wenn eine Kryptowährung **keinen wirklichen Wert** erzeugt, sondern nur existiert um zu existieren, handelt es sich oft um einen Betrug. Leider gilt dies für viele Kryptowährungen, und während einige von ihnen derzeit einen steigenden Preis haben, werden sie früher oder später implodieren.

7. Wie bei Kryptowährungen sind auch die **meisten Initial Coin Offerings (ICOs)** Betrügereien. Ich weiß, dass dies ironisch klingt, wenn man bedenkt, dass wir bei TenX während unseres Token-Verkaufs rund 80 Millionen US-Dollar erhalten haben. Die meisten Unternehmen, die eine ICO durchführen, sind jedoch Startups ohne Team, ohne Produkt und ohne Kunden. Wir haben bereits hunderttausende Kunden, ein Team von über fünfzig Personen und viele traditionelle Investoren, die ihre Due Diligence (zu Deutsch: genaue Untersuchungen) bei TenX

durchgeführt haben. Leider ist das bei den meisten anderen Unternehmen nicht der Fall. Sei also besonders vorsichtig, wenn du in eine ICO investierst.

Es gibt immer Ausnahmen zu diesen sieben Punkten, doch meistens stimmen sie haargenau. Die Kreierer der Scams streiten dies natürlich immer ab und verweisen auf irgendwelche fadenscheinigen Argumente. Weiters kannst du natürlich hin und wieder Geld bei einem Betrug verdienen, aber aus moralischer und wirtschaftlicher Sicht kann ich dir nur dringlichst davon abraten: „Wenn es fischig riecht und fischig aussieht ... dann ist es wahrscheinlich ein Fisch!"

Das Spannende ist, dass, wenn du diese Regeln auf Fiat-Währungen, wie Euro, CHF usw. anwendest, du feststellen wirst, dass sie alle unter die Kategorie „Betrug" fallen. Der einzige Grund, warum sie nicht beschuldigt werden, einer zu sein, ist, weil wir dem Herausgeber vertrauen – ob wir es nun sollten oder nicht, steht definitiv zur Debatte.

Was sind gute Informationsquellen im Blockchainbereich?

In einem Ökosystem wie dem der Kryptowährungen, das sich so rasant entwickelt, ist eine gute Quelle für legitime Informationen unerlässlich. Die Herausforderung besteht darin, dass es mehr schlechte Ressourcen gibt als gute. Weiters sind die meisten guten Quellen auf Englisch. Man sollte also sehr selektiv sein. Hier ist eine Liste von deutschen Ressourcen, welche ich empfehlen kann:

YouTube:
https://www.youtube.com/julianhosp

Podcast:
www.julianhosp.com/podcast

Blog:
https://steemit.com/@julianhosp

Facebook Gruppe:
www.facebook.com/groups/kryptoganzeinfach

Coin-Liste und ICO-Übersicht:
http://www.coinmarketcap.com
https://www.smithandcrown.com/icos/

Auf Englisch:
https://www.reddit.com/r/Bitcoin/
https://www.reddit.com/r/ethereum/
https://www.reddit.com/r/ethtrader/
https://www.reddit.com/r/TenX/
https://www.reddit.com/r/cryptocurrencies

Immer, wenn du über eine neue Ressource stolperst, frage dich, was die wirtschaftlichen Anreize für die Person oder Firma sind, dir diese Informationen bereitzustellen. Denn denk daran, dass niemand den Ast absägen wird, auf dem er sitzt – ganz im Gegenteil. Viel zu oft haben Leute ihre eigene Agenda, ohne dass man dies auf den ersten Blick erkennt. Hier hilft es nur, sich eine gute Gruppe zu suchen, der man vertraut.

Was ist eine Mastermind Gruppe?

Eine Mastermind Gruppe ist eine Gruppe von Leuten, in der man sich selbst auf den neuesten Stand bringt und sich gegenseitig gute Tipps gibt bzw. in der man darauf achtet, dass niemand in eine Abzockfalle tappt. Dies war eines der bahnbrechendsten Dinge, das ich für mich selbst getan habe und es hat mir seither mehr als eine hundertfache Rendite für einige meiner Kryptoinvestitionen gebracht. Google nach „Julian Hosp Crypto Mastermind", wenn du dir ansehen möchtest, was wir für unsere Community geschaffen haben bzw. wenn du auch daran teilhaben möchtest.

Bevor ich dir einen Überblick über einige der Kryptowährungen gebe, die ich persönlich für interessant halte, lies bitte folgende WARNUNG: Bitte sei dir bewusst, dass ich in meiner persönlichen Wahrnehmung völlig falsch liegen kann. Die Auflistung einer Kryptowährung ist keineswegs als Anlageberatung oder Investitionsempfehlung zu verstehen! Wenn du dein hart verdientes Geld investierst, erledige immer die Due Diligence. Beachte außerdem, dass diese Auflistung Ende 2017 erstellt wurde und sich Dinge auf den Kopf gestellt haben können, wenn du dies liest.

Starten wir mit Bitcoin, der Mutter aller Kryptowährungen.

Bitcoin (Core) BTC

Wir haben schon sehr viel über Bitcoin gesprochen und ich habe noch mehr in Blogbeiträgen darüber geschrieben oder in Videos erklärt. Google einfach nach „Julian Hosp Bitcoin“ und du findest unglaublich viel Content zum „digitalen Gold“. Da Bitcoin in seiner Geschichte mehrfach geforkt wurde, spreche ich hier von der Main Chain (zu Deutsch: Hauptkette), die auch Bitcoin Core genannt wird und von Satoshi 2008 beschrieben worden ist.

BTC wurde 2008 von Satoshi in seinem berühmten Bitcoin Whitepaper definiert, und der erste Block wurde am 3. Januar 2009 von ihm selbst gemined. Die erste Bitcoin-Transaktion passierte 9 Tage später, am 12. Januar 2009, als Satoshi 10 bitcoins an einen Herrn namens Hal Finney schickte. Damals waren diese bitcoins natürlich nichts Wert, doch heute wären das fast hunderttausend Euro. Der erste getätigte Kauf mit bitcoins war der von „Laszlo“ am 22. Mai 2010. Er kaufte eine Pizza im Wert von 20 Euro (25 US-

Dollar) für 10.000 bitcoins. Im Jahr 2017 wären dies fast 100 Millionen Euro gewesen – die wohl teuerste Pizza der Welt.

Ich selbst habe 2011 von Bitcoin erfahren, als es zum ersten Mal 1 Euro erreichte. Ich erkannte jedoch das Potenzial noch nicht und sah es eher als Betrug an. Bitcoin schoss 2013 auf über 1.000 Euro, kurz bevor die damals größte Exchange namens MtGox verkündete, dass sie gehackt wurde, worauf der Preis binnen eines Jahres um minus 80 % auf 200 Euro fiel. Ich kaufte meine ersten bitcoins 2014 genau zu dieser Zeit für 800 Euro und verkaufte panisch zum Preis von 400 Euro. Als der Bitcoin-Trend 2015 wieder positiv drehte, lernte ich aus meinem Fehler von zu kurzfristigem Denken und begann, regelmäßig bitcoins zu kaufen. Bitcoin beläuft sich auf eine immer größer werdende Popularität und der Preis ist seit dem Tief 2014 um das vierzigfache bis 2017 gestiegen.

Bitcoin verwendet einen Proof-of-Work-Algorithmus, bei dem der Reward an den Miner vergeben wird, der einen neuen Block findet. Ursprünglich waren das 50 bitcoins pro Block, aber alle 210.000 Blöcke bzw. etwa alle vier Jahre halbieren sich diese, was als Halving (zu Deutsch: Halbierung) bezeichnet wird. Das erste Halving von 50 auf 25 bitcoins erfolgte am 28. November 2012 und das danach von 25 auf 12,5 bitcoins fand am 9. Juli 2016 statt. Das nächste Halving von 12,5 auf 6,25 bitcoins pro Block wird voraussichtlich Anfang Juni 2020 stattfinden. Nach 64-mal Halving in ca. 120 Jahren erreicht der Reward dann 1 Satoshi pro Block. Danach kann es nicht mehr halbiert werden und die Gesamtzahl der bitcoins wird sich bei knapp 21 Millionen einfinden (knapp darunter). Da die Bitcoin-Ausschüttung exponentiell abnimmt, sind 2017 nach nur 9 Jahren bereits Dreiviertel bzw. fast 17 Millionen bitcoins im Umlauf.

Bitcoin hat die größte Community, die größte Akzeptanz, die größte Marktkapitalisierung und die meiste Preisstabilität. Das Bitcoin Core-Team fokussiert sich stark auf Stabilität anstatt auf Innovation, was wiederkehrende Kritik beflügelt. Auch wenn es regelmäßige Verbesserungsvorschläge in Form von BIPs (Bitcoin Improvement Proposals) gibt, so werden alle, die einen extremen oder zu innovativen Ansatz verfolgen, von den Developern (zu Deutsch: Programmierern) ziemlich schnell abgelehnt. Das macht es zwar schwierig, neue Konzepte auszuprobieren. Bitcoin geht jedoch vielmehr den Weg, sich als „digitales Gold" zu behaupten. Wie bereits erwähnt, ist geplant, Bitcoin-Satelliten in den Weltraum zu schicken, um Internet für Bitcoin speziell für den Fall bereitzustellen, falls Regierungen jemals damit beginnen sollten, das Internet für Kryptowährungen zu zensieren. Selbst wenn die Apokalypse nahestehen sollte, will Bitcoin stabil bleiben. Genau dies war die Vision von Satoshi Nakamoto.

Wer ist Satoshi Nakamoto und wie viele BTC besitzt er?

Niemand weiß, wer Satoshi ist, und die wildesten Theorien ranken sich um seine Identität. Da ein Teil des Codes und der E-Mail Texte so aussehen, als wären sie von verschiedenen Personen geschrieben worden, sind sich viele Leute einig, dass es sich wahrscheinlich um eine Gruppe von Personen handelt, die diesen Namen als Pseudonym verwendet haben. Einige Leute wurden verdächtigt, Satoshi zu sein, doch alle diese Annahmen wurden widerlegt. Es gibt sogar Verschwörungstheorien, wonach die NSA selbst Bitcoin erschaffen hat, um die Menschen durch dieses neue Geld zu manipulieren.

Es wäre ein Leichtes für jemanden, zu beweisen, dass er / sie / es Satoshi ist / sind. In den ersten Tagen oder vielleicht sogar Wochen kann davon ausgegangen werden, dass nur Satoshi Mining betrieben und damit all die Rewards erhalten hat. Es gab einfach niemand anderen. Berechnungen haben ergeben, dass es sich um 1–2 Millionen bitcoins handelt, die, über Wallets verteilt, mehrere Milliarden US-Dollar wert sind. Um die Identität zu beweisen, müsste Satoshi nur eines dieser bitcoins verschicken, um zu bestätigen, dass es wirklich er ist. Die Adressen mit Satoshis Coins werden von der gesamten Bitcoin Community sehr sorgfältig beobachtet, denn sollte sich jemals einer der Coins bewegen, würde die „Bitcoin-Hölle auf Erden“ ausbrechen. Es würde sich in diesem Moment einfach zu viel kurzfristige Ungewissheit ausbreiten, auch wenn sich danach der Preis ziemlich sicher wieder erholen würde.

Aus diesem Grund wird es für Satoshi ziemlich schwierig sein, jemals sein / ihr Vermögen einzulösen. Die meisten Leute gehen jedoch davon aus, dass die Private Keys dieser Bitcoins und damit der Zugang zu diesen Bitcoins verloren gegangen sind. Eine solche Annahme ist nicht allzu weit hergeholt, wenn man bedenkt, dass zu Beginn des Jahres 2009 1 bitcoin buchstäblich nichts wert gewesen ist. Es dauerte 1–2 Jahre, bis 1 Bitcoin zum ersten Mal einen Cent wert war – sonst hätte Lazlo 2010 die 20 Euro Pizza nicht mit 10.000 bitcoins bezahlt. Hättest du all die verschiedenen damals wertlosen Private Keys aufgeschrieben und sicher aufbewahrt? Vielleicht, aber wahrscheinlich nicht. In Satoshis Fall werden wir es vielleicht nie erfahren.

Irgendeine Bitcoin-Preisvorhersage?

Alle Arten von Vorhersagen sind schwer, besonders in Bezug auf die Zukunft. Anstatt deshalb eine Vorhersage zu treffen, erkläre ich, woher Preisvorhersagen von 500.000 bis 1.000.000 Euro pro bitcoin kommen. Wenn wir Bitcoin mit Gold vergleichen, als was sich Bitcoin ja darstellt, und davon ausgehen, dass Bitcoin eine ähnliche Marktkapitalisierung erreichen wird wie Gold heute, dann würde die Gesamtobergrenze von Bitcoin irgendwann 7 Billionen Euro erreichen. Das sind 7.000 Milliarden. Ende 2017 hat Bitcoin mit ca. 140 Milliarden rund 2 % davon. Daher ist ein 50facher Preis von dem, was Bitcoin heute hat (etwa 8.000

Euro pro Bitcoin) absolut möglich. Dies würde 1 Bitcoin nahe einer halben Million Euro bringen. Es gibt jedoch einen zusätzlichen Faktor, der den Preis massiv beeinflusst: verlorene Private Keys und dadurch eine limitierte Menge an verfügbaren bitcoins. Man kann davon ausgehen, dass der Zugriff auf etwa ein Viertel oder vielleicht sogar die Hälfte aller bitcoins bereits verloren ist oder irgendwann verloren gehen wird. Das würde den Wert von 1 bitcoin in den Bereich von 0,5–1 Millionen Euro bringen. Bei der Rate, mit der Bitcoin in den letzten Jahren gewachsen ist, würde es ca. 7–10 Jahre, also bis ca. 2025, dauern, um diese Bewertung zu erreichen. Ob das passiert oder nicht, weiß bis dahin niemand, und Bitcoin kann natürlich auch gegen Null gehen. Dies ist also definitiv NICHT eine Anlageberatung. Falls du jedoch Bitcoin kaufen willst, so suche auf einer Exchange nach dem Ticker-Symbol BTC.

Was ist ein Ticker-Symbol?

Ticker-Symbole wie zum Beispiel BTC werden, ähnlich wie bei Aktien, bei Exchanges dafür verwendet, Kryptowährungen eindeutig zu identifizieren. Sie sind deshalb wichtig, unterschiedliche Kryptowährungen, welche vielleicht ähnlich heißen, zu unterscheiden.

Was sind Forks von Bitcoin?

Wie bereits im Kapitel über Forks beschrieben, versuchen Leute regelmäßig, ihre eigenen Versionen einer Kryptowährung zu erstellen. Anstatt den ganzen Code neu zu schreiben, können sie einen bestehenden einfach forken. In der folgenden Auflistung spreche ich über ein paar der wichtigeren Bitcoin Forks.

Namecoin NMC

Namecoin war der erste Bitcoin Fork und wurde am 18. April 2011, etwa zwei Jahre nach dem Start von Bitcoin, geforkt. Es war so ziemlich alles gleich wie bei Bitcoin, mit der Ausnahme, dass Namecoin in der Lage war, Daten innerhalb seiner eigenen Blockchain-Transaktionsdatenbank zu speichern. Diese sollte die zensierungsresistente Domäne .bit schaffen, die funktionell wie .com-Domänen ist, aber unabhängig von ICANN, die der Zentralverwaltungskörper für Domain-Namen ist, agieren würde. Nach einem vielversprechenden Start kann man Namecoin heute als Niederlage bezeichnen, da sich aufgrund der zahlreichen Mining-Attacken keine vertrauenswürdige Struktur fortsetzen konnte.

Litecoin LTC

Charlie Lee, ein ehemaliger Google-Mitarbeiter, forkte Litecoin im Oktober 2011, sechs Monate nach Namecoin, vom Bitcoin Code. Er führte Scrypt als neuen Miningalgorithmus und stellte die Mining Difficulty auf 2,5 Minuten pro Block ein. Gleichzeitig erhöhte er die maximale Coin-Anzahl auf 84 Millionen Litecoins (viermal so viele wie bei Bitcoin). Ähnlich wie beim Verhältnis von Silber zu Gold wird Litecoin oft als Bitcoins kleiner Bruder gesehen. Aus der Sicht der Führungsrolle mit Charlie Lee ist Litecoin definitiv stärker zentralisiert, da dieser seine Philosophien sehr aktiv in der Litecoin-Community vorantreibt. Das hilft einerseits bei Innovationen, wird aber andererseits auch oft von denen kritisiert, die eine Kryptowährung lieber dezentraler sehen würden. Litecoin war durch seine agile Art die erste Top-5-Kryptowährung auf Basis der Marktkapitalisierung, die im Mai 2017 Segregated Witness (SegWit) und das Lightning Network einführten. Litecoin wird, je nach Innovationsgrad, eine gute Chance haben, langfristig seinen Stellenwert zu behalten.

Bitcoin Cash / BCash BCH

Bitcoin Cash oder BCash war das Resultat eines Bitcoin Forks am 1. August 2017. Der Hauptgrund für den Fork war SegWit, welchen BCH aufgrund einer anderen Mining-Anforderung im Gegensatz zu BTC NICHT übernahm. Weiters hat BCH Blöcke von bis zu 8MB, welche achtmal mehr Transaktionen ermöglichen als BTC. Abgesehen davon, ist der Rest zwischen beiden Forks recht ähnlich, doch die Visionen für die Zukunft gehen stark auseinander. Währen sich Bitcoin Core eher als digitales Gold als Weltreserve etablieren will, schlägt BCash eher den Weg einer Weltwährung ein. Persönlich sehe ich die BTC-Vision als die „richtige", doch nur die Zukunft wird zeigen, wer recht behält. Derzeit befindet sich BCH auf jeden Fall unter den Top-10-Kryptowährungen.

Es gibt noch einige andere Bitcoin Forks, auf die ich aufgrund ihrer Unwichtigkeit nicht weiter eingehen werde. Eine Liste hunderter anderer nicht erfolgreicher Forks findest du, wenn du nach „Vollständige Bitcoin-Fork-Liste" googlest. Wenn es gleich um private Coins geht, werde ich noch die Bitcoin Forks DASH und ZCASH abdecken. Zuerst sprechen wir aber über die zweite große Blockchain neben Bitcoin: Ethereum.

Ethereum ETH

Wenn man Bitcoin als eine Blockchain der ersten Generation betrachtet, so verdient Ethereum definitiv, als Blockchain der zweiten Generation bezeichnet zu werden, da hier weit mehr Funktionen möglich sind. Ethereum wurde Ende 2013 von „Wunderkind" Vitalik Buterin konzipiert, indem er vorschlug, dass man, anstatt eine Blockchain nur für Währungen zu verwenden, seine Funktionalitäten eher in Richtung eines dezentralisierten Computers ausdehnen könnte. Anstatt nur zu speichern, wie viele

Coins jeder Teilnehmer hat, könnte dieser Computer, auch Ethereum Virtual Machine (EVM) bezeichnet, Programme unaufhaltsam abspielen. Um die Entwicklung zu finanzieren, führte die Ethereum Foundation im Sommer 2014 eine ICO durch, bei der, je nach genauem Zeitpunkt, an den Käufer für 1 BTC im Gegenzug 1.337–2.000 ETH gegeben wurden. Insgesamt erhielt die Foundation dadurch etwas mehr als 31.529 BTC, was damals den gewünschten 13 Millionen Euro (15 Millionen US-Dollar) entsprach. Der anfängliche Ethereum-Preis lag somit bei umgerechnet etwa 30 Cent. Das System ging dann ein Jahr später am 30. Juli 2015 live und bot dessen Nutzern zum ersten Mal die Möglichkeit von Smart Contracts an.

Was sind Smart Contracts?

Der größte Fortschritt im Vergleich zu Bitcoin besteht darin, dass Ethereum die sogenannte Turing-Complete-Skriptsprache Solidity verwendet. Diese ermöglicht es, Berechnungen innerhalb der Blockchain durchzuführen. Während Bitcoin nur rudimentäre Multi-Signatur-Funktionen erlaubt, bei denen einige wenige Teilnehmer eine Transaktion nach einer „Und-Logik“ unterzeichnen müssen, damit sie ausgeführt werden kann, öffnete Ethereum die Tür für weitaus komplexere Abläufe, welche als Smart Contracts bezeichnet werden.

Smart Contracts sind Verträge, bei denen eine dezentralisierte Blockchain ihre Unveränderbarkeit und Ausführung gewährleistet.

Was ist die EVM (Ethereum Virtual Machine)?

Wie jeder andere Computer verfügt auch Ethereum über ein Betriebssystem, das EVM (Ethereum Virtual Machine) genannt wird. Um ein Programm darauf laufen zu lassen, muss der Initiator des Programms „Gas“ (zu Deutsch: Sprit) bezahlen. Dies wird in der Währung von Ethereum gezahlt und gibt Ethereum seinen Wert. Die EVM führt dann den gewünschten Code auf allen Nodes im gesamten Netzwerk aus. Es ist mit dem Amazon-Webservice vergleichbar, wo man einem zentralisierten System etwas bezahlen muss, um den Cloud-Dienst zu nutzen. Wenn man ein Programm hat, das nie von einem externen Einfluss gestoppt werden soll, kann dies Ethereum vollständig dezentral und unaufhaltsam ausführen.

Im Mai 2015 startete die EVM mit Version 0 namens Olympic. Im Juli 2015 wurde sie auf Version 1, Frontier, aktualisiert. Version 2, Homestead, folgte im März 2016. Derzeit läuft Version 3, Metropolis, mit der Unterversion Byzantium. Hier wurden Zero-Knowledge-Snarks hinzugefügt, welche die Transparenz einer Blockchain unterbrechen und damit Ethereums Privatsphäre erhöhen. Ein interessantes Upgrade wird die nächste Version, 3.5 Metropolis-Konstantinopel, sein, da sich Ethereum hier von seinem aktuellen Proof of Work-Konsensus-Algorithmus verabschiedet und den Geist Casper als Proof of Stake-Algorithmus integriert.

Ethereum ist eine der innovativsten Blockchains überhaupt, welche ständig neue revolutionäre Dinge ausprobiert. Dies steht in einem starken Kontrast zu Bitcoin, wo sich Entwickler eher auf die Vermeidung von Risiken als auf Innovationen konzentrieren, was gerade diese beiden Blockchains mit ihren Gegensätzen so attraktiv macht.

Irgendeine Preisvorhersage für Ethereum?

Genau wie bei Bitcoin ist jede Preisprognose von Ethereum recht schwierig, also verwende die nächsten Zeilen ja NICHT als Anlageberatung. Wenn man Ethereum und andere Plattformen mit zentralen Betriebssystemen wie OS, Windows und Linux vergleicht, ist vorstellbar, dass einige der dezentralisierten Plattformen auch auf eine solche Größe oder vielleicht sogar darüber hinaus ansteigen. Microsofts Marktkapitalisierung liegt bei fast 600 Milliarden US-Dollar, und angesichts der vielfältigeren Anwendungen, die Ethereum anbieten könnte, ist eine Ethereum-Marktkapitalisierung von einigen Billionen Euro, ähnlich wie bei Bitcoin, denkbar, die einen Ether auf 30.000 Euro bringen würde. Manch andere prognostizieren sogar, dass ETH höher als Bitcoin gehen könnte ... Klarerweise weiß aber niemand, was wirklich passieren wird, und so sind das alles reine Vermutungen!

Wie wurde Ethereum Classic kreiert?

Im Sommer 2016 führte ein neuartiges dezentrales Investmentvehikel namens DAO (Decentralized Autonomous Organization), basierend auf Ethereum, zu einem 130 Millionen Euro schweren Debakel: Die Hälfte des Geldes wurde von einem Hacker gestohlen. Anders als Bitcoin, wo die Person von Satoshi unbekannt ist, hat Ethereum seine Galionsfigur in Vitalik Buterin, der kurzerhand verkündete, die Vergangenheit zu ändern und einen neuen Konsensus zu kreieren. Er „reparierte" den Schaden, indem er die Ethereum-Blockchain so forkte, also ob der DAO-Hack nie passiert wäre. Mit seiner Macht erreichte er, dass der veränderte Fork weiterhin Ethereum hieß, und dass der alte unveränderte Fork den Namen Ethereum Classic ETC erhielt. Wie man sich vorstellen kann, löste dies einen großen Aufruhr in der gesamten Kryptogemeinschaft aus, da es zu der Frage führte, wie dezentralisiert Ethereum und wie unveränderlich eine Blockchain wirklich sei. Nichtsdestotrotz, Ethereum ETH ging preislich als Gewinner aus diesem Fork hervor und ist nach einem Jahr knapp zwanzig Mal so viel wert wie ETC. Der Hauptgrund dafür ist, dass, auch wenn die Community den Fork mit Argwohn ansieht, die ganze Developer- und damit auch Innovationspower bei ETH liegt, was eine Wette auf ETC deutlich riskanter und ungewisser macht. Eine dieser Auswirkungen ist, wie viele ERC20 Token die jeweiligen Ethereum Chains nutzen: Praktisch alle ETH.

Was sind ERC20 Tokens?

Während bereits viele Anwendungen ins Auge gefasst worden sind, die auf der EVM laufen könnten, so lag der Hauptanwendungsbereich für die Technologie von Ethereum in den letzten Jahren in ERC20 Token. Hierbei müssen Unternehmen, um eine eigene Kryptowährung zu erschaffen, keine neue Blockchain kreieren, sondern können ihre Token durch einen Smart Contract auf Ethereum erstellen. Diese so genannten ERC20 Token (Ethereum Request for Comments Nr. 20) definieren sechs klare Funktionen: 1) Gesamt-Token-Anzahl, 2) wie viele Token einer Adresse zugewiesen sind, 3) von wo Token 4) an wen übertragen werden, 5) ob etwas erlaubt ist oder nicht, 6) und ob eine bestimmte Zusatzfunktion möglich ist oder nicht. Anstatt, dass Unternehmen Miner und Server in den Erhalt einer dezentralen Community investieren müssen, dauert es nun einen halben Nachmittag, um die eigenen „Währungen“ durch das dezentrale Ethereum Netzwerk zu stützen. Diese Funktion der ERC20-Tokens führte zum Aufkommen zahlreicher ICOs (Initial Coin Offerings).

Was ist eine ICO?

In einer ICO bietet ein Unternehmen einen mehr oder weniger großen Teil der zuvor auf ERC20-Basis kreierten Token potentiellen Käufern an. Im Gegenzug erhält das Unternehmen, genau wie es Ethereum für ihren eigenen Start 2014 getan hat, andere Kryptowährungen. Wir bei TenX haben zum Beispiel eine der bisher größten und erfolgreichsten ICOs überhaupt durchgeführt, bei der wir am 24. Juni 2017 in weniger als sieben Minuten umgerechnet rund 70 Millionen Euro erhalten haben. Leider sind die meisten ICOs nicht so gut strukturiert, wie unsere, und ähneln eher Scams als legitimen Projekten, weshalb ich sowohl ein großer Fan als auch einer der großen Kritiker von ICOs bin. ICOs dienen einem wertvollen Zweck, solange sie legitim und nicht betrügerisch verwendet werden. Am Ende des Buches gibt es ein spezielles Bonuskapitel zu diesem Thema und du kannst auch nach „Julian Hosp ICO" googeln, denn ich habe viele Blogbeiträge und Artikel darüber geschrieben, wie solche ICOs erfolgreich ablaufen. Lass mich einige dieser ICO Tokens vorstellen. Eine vollständige Liste findest du auf: www.coinmarketcap.com.

ERC20-Token-Übersicht REP, ICN, MLN, DGD usw.

TenX PAY: Der PAY-Token unserer Firma TenX stellt ein dezentrales Treueprogramm dar, bei dem die Nutzer der TenX-App PAY-Tokens erhalten, wenn Sie Kryptowährungen ausgeben, so wie man sonst Meilen oder Punkte in „zentralisierten" Treueprogrammen sammeln würde. Wenn die Nutzer an Umfragen teilnehmen, erhält man zusätzliche Token und partizipiert noch weiter mit. PAY-Token können auf Bittrex mit Bitcoin oder Ethereum gekauft werden: https://bittrex.com/Market/Index?MarketName=BTC-pay.

Augur REP: Ein Wett-Token, mit dem auf alles Mögliche im Augur-System gesetzt werden kann.

Iconomi ICN & Melonport MLN: Ein Token, mit dem man in andere Kryptowährungen, ähnlich einem ETF, investieren kann.

DigiX DGD: Ein Gold-Token, mit dem man von Gold profitieren kann.

Ich weiß natürlich nicht, wie sich diese oder auch andere Token in der Zukunft entwickeln werden. Sieh dies deshalb NICHT als Anlageberatung an, nur weil ich einen Token hier erwähnt habe oder nicht. Die meisten dieser Token können wie bei PAY bereits beschrieben auf www.bittrex.com gekauft werden.

Andere „dezentrale Plattformen" wie NEM, Lisk, Waves, Stratis, etc.

Neben Ethereum und Ethereum Classic sind weitere dezentrale Blockchain-Plattformen entstanden. Die meisten dieser Systeme versprechen einfachere und bessere Technologien bzw. Abläufe. Zum Beispiel verwenden diese eine andere Programmiersprache als Ethereums Solidity, welche außerhalb von Ethereum von niemanden sonst verwendet wird. Viele dieser neueren Plattformen scheinen gute Ansätze zu haben, aber zum Erscheinungszeitpunkt dieses Buches Ende 2017 hat bisher keine von ihnen die Aufmerksamkeit erhalten, die Ethereum (zu Recht oder nicht) besitzt. Ganz im Gegenteil, Ethereum baut derzeit seinen Fortschritt auf Nutzer- und Kapitalisierungsbasis sogar noch weiter aus. Dies ist ein entscheidender Punkt für all jene, die glauben, dass sich immer die beste Technologie durchsetzt. Das Internet verwendet auch nicht die bestmögliche Technologie, da es aber den größten Zuspruch, warum auch immer, bekommen hat, hat es sich weltweit durchgesetzt. Der Grund, warum ich derzeit persönlich in KEINE dieser Plattformen signifikant investiere, ist, dass ich genau aus dem Grund der Akzeptanz derzeit keinen wahren Konkurrenten für Ethereum sehe. Natürlich kann sich das jederzeit ändern, doch derzeit sehe ich „nur" neue Technologie, aber keine vermehrte Akzeptanz unter diesen anderen dezentralen Blockchain-Plattformen.

Applikations- und Vermögenswerttoken

Unternehmen, die keine Ethereum-basierten Token verwenden möchten, können entweder eine der anderen zuvor genannten Plattformen nutzen (sogar bei Bitcoin ist das durch sogenannte Coloured Coins möglich) oder eine eigene Blockchain erstellen. Steem zum Beispiel versucht, ein dezentralisiertes Social-Media-System aufzubauen, bei dem Leute und theoretisch auch Computer, die wertvolle Inhalte erstellen, automatisch in Steem Dollars bezahlt werden. An vielen weiteren dieser Applikationstoken, auch zum Beispiel an einem dezentralen Dropbox-Speichersystem, wird gearbeitet. Gleichzeitig kommen immer mehr Vermögenswerte, wie Immobilien, auf die Blockchain und werden „tokenisiert".

Was ist Tokenisierung?

Tokenisierung bedeutet, dass reale Vermögenswerte wie Aktien, Anleihen, Immobilien, Gold usw. auf die Blockchain gebracht werden.

Ich bin ein großer Fan von Tokenisierung und glaube, dass dies einen riesigen Anwendungsbereich der Blockchain darstellen wird. Egal ob Firmen, Grund und Boden – selbst Fiat-Währungen können so dezentral abgebildet werden. Hier muss man jedoch sehr vorsichtig sein, ob die zugrundeliegenden Werte auch tatsächlich existieren oder nicht. Zum Beispiel hat der US-Dollar Tether USDT, welcher von Bitfinex in Hong Kong ausgegeben wird, mit der Abbildung des US-Dollars eine gute Idee, doch ich habe meine persönlichen Vorbehalte, wie viele US-Dollar diesem Tether tatsächlich entgegengestellt werden. So wird aus einem Vermögenswert Token ein zentralisierter Scam. Es wird jedoch sehr aufregend sein, zu sehen, welche neuen Möglichkeiten sich in diesem Bereich in den nächsten Jahren ergeben werden, wenn immer mehr Unternehmen und reale Vermögenswerte auf der Blockchain vertreten sein werden.

Private Coins: Monero, Dash, ZCash, etc.

In Anbetracht der hohen Transparenz, die traditionelle Blockchains haben (jeder kann sehen, welche Adresse Coins an welche andere Adresse sendet), wurden verschiedene Systeme vorgeschlagen, um die Privatsphäre zu erhöhen.

Ein Phänomen, das sonst auftreten könnte, ist das der Nicht-Fungibilität. Eine gute Währung muss die drei Funktionalitäten Rechnungseinheit, Übertragungsmethode und Wertaufbewahrung haben. Insbesondere die Rechnungseinheit funktioniert jedoch nur, wenn ein Coin gleich wie ein anderer ist. In einem vollständig transparenten dezentralisierten System kann jedoch das Problem von tainted Coins auftreten.

Was sind tainted Coins?

Tainted Coins (zu Deutsch: Verdorbene Münzen) sind Coins, bei denen man aufgrund der Transparenz ihre Verwendung mit illegalen Aktivitäten in ihrer Vergangenheit in Verbindung bringen kann und diese daher weniger wertvoll sind als Coins, die nicht tainted sind.

Tainted Coins stellen ein wirkliches Problem bei den transparenten Blockchains dar. Zum Beispiel könnten von jemandem bitcoins gestohlen werden. Der Dieb schickt diese bitcoins dann an eine Exchange, und bevor diese den Tausch blockieren kann, wechselt der Dieb die bitcoins in Ether um und hebt diese ab. Die bitcoins sind nun tainted, weil sie mit illegalen Aktivitäten verbunden sind. Niemand will diese tainted bitcoins erhalten, da jeder weiß, dass sie eigentlich der Person gehören, von der sie gestohlen wurden. In der Fiat-Welt ist dieses tainted Geld nicht möglich, da Geld auf einem Bankkonto nicht nummeriert ist und sich die Geschichte der Banknoten nicht zurückverfolgen lässt.

Die Lösung in der Kryptowelt besteht darin, diese tainted Coins mit genügend nicht tainted Coins zu vermischen, sodass anstatt eines einzelnen vollständigen tainted Coins alle Coins um ein paar Prozent tainted werden. Wenn man einen zu 100 % tainted Coin zum Beispiel mit 99 zu 0 % tainted Coins vermischt, ist jetzt jeder der 100 Coins zu 1 % tainted. Alle Coins wären wieder gleich und je regelmäßiger man dieses Mixen macht, desto intransparenter sind die Zahlungsabläufe und der Taintedness-Grad bleibt wie bei Fiat-Geld nahe Null. Die meisten bitcoins heute sind zu einem kleinen Grad tainted, was kein wirkliches Problem darstellt. Einige Exchanges verfolgen zwar tatsächlich die Taintedness der Coins, und wenn man einmal einen Coin zu verschicken versucht, der zu stark tainted ist, lehnen Exchanges die Einzahlung ab. Während dies extremst selten geschieht, so zeigt es doch, wie eben Geld nicht gleich Geld sein kann, was ein riesiges Problem einer Währung ist. Deshalb denken Leute darüber nach, wie man Kryptowährungen erschaffen kann, bei denen dieses Vermischen der Coins und deren daraus resultierende Fungibilität (zu Deutsch: Gleichheit) bei jeder Transaktion automatisch vonstattengeht. So wurden private Coins geschaffen, bei denen die Transaktionshistorie nicht vollständig bekannt und die Fungibilität dadurch garantiert ist. Während an weiteren Methoden gearbeitet wird, so sind derzeit hauptsächlich drei Technologien im Einsatz.

Ring Signatures: Monero XMR

Ringsignaturen, wie sie Monero verwendet, funktionieren vereinfacht ausgedrückt, indem eine Person nicht nur die eigene Transaktion signiert (Puzzleteil kreiert), sondern gleichzeitig auch alle anderen Transaktionen (Puzzleteile), die innerhalb eines Blocks geschehen. Alle anderen Leute, die ebenfalls Transaktionen innerhalb eines Blocks versenden, tun das auch. So werden alle Transaktionen nicht nur von einer Person, sondern von einem „Ring" von Leuten signiert. Für jemanden, der die Blockchain von außen betrachtet und nicht an der Transaktion beteiligt war, ist somit ziemlich schwer, zu verfolgen, wer wem welche Coins geschickt hat. Er kann nur bestätigen, dass die Gesamtzahl der Coins, die von allen Teilnehmern gesendet und empfangen wurde, korrekt ist. Da jeder ein bisschen von allem unterschrieben hat, ist nicht nachvollziehbar, wer wie viel von wem erhalten hat. Der Vorteil von Ring Signatures ist, dass es niemand anderen außer diejenigen Personen erfordert, die an den Transaktionen beteiligt sind. Der Nachteil dadurch ist jedoch, dass es möglich sein kann, dass nur wenige Personen während eines solchen Ringsignaturverfahrens teilnehmen, was die Transparenz erhöhen und dadurch die Privatsphäre verringern würde.

Mixer (DASH ...)

Mixer funktionieren, indem Leute, die NICHT Teil der Transaktion sind, große Mengen an Coins bereitstellen, womit die tainted Coins vermischt werden. Während im Falle von DASH Master-Nodes solche Pools, als eingebautes Feature der Kryptowährung, gegen eine Gebühr bereitstellen, können Mixer in jeder anderen Kryptowährung als Dienstleistung aufgebaut werden. Dies sind auch gleich die zwei wichtigsten Nachteile dieser Methode zur Erhöhung der Privatsphäre: Sie braucht einerseits andere Leute, welche die Coins zum Vermischen zur Verfügung stellen, und andererseits verursacht dies zusätzliche Kosten, denn niemand stellt Kapital einfach so kostenlos zur Verfügung. Der Vorteil im Vergleich zu Ringsignaturen ist jedoch, dass selbst dann, wenn du eine Transaktion während eines Blocks alleine durchführen würdest, du immer noch die maximale Privatsphäre hättest, da der Pool an Coins unabhängig von der Transaktion ist.

Damit du dir das bildhaft vorstellen kannst, denk an ein Schwimmbad voll mit Wasser. Das ist der Pool voll mit Coins, welche zum Mixen der Coins verwendet wird. Die eigenen Coins, welche man an jemanden verschicken möchte, gibt man wie ein Glas Wasser in diesen Pool. Man sagt dann der Person, der man die Coins sendet, über einen Weg, der NICHT auf der Blockchain abgebildet wird, wie viele Coins (Wasser) sie aus dem Pool nehmen darf. Diese Kommunikation von „wer" und „wie viel" braucht nicht auf der Blockchain registriert werden und erzeugt Intransparenz, solange der Pool an Coins groß genug ist, da man unmöglich nachvollziehen kann, wer wessen Coins (Wasser) aus dem im Vergleich zur Transaktionsmenge riesigen Pool genommen hat. Das ist der Knackpunkt für die Privatsphäre: Der Pool muss groß genug sein. Im Falle von Ringsignaturen wird der Pool von allen Personen gebildet, die die Transaktionen durchführen. Es erfordert niemand anderen, aber wenn der erstellte Pool (Ringsignatur) zu klein ist, sind die Coins rückverfolgbar. Dafür muss ich bei Ringsignaturen im Vergleich zu Mixern wie bei DASH niemanden anderen dafür bezahlen, Coins (Wasser) bereitzustellen.

Eine neuartige Verschlüsselungsmethode namens Zero Knowledge Proofs will hier trumpfen, denn sie verursacht weder zusätzliche Kosten noch braucht es andere Leute.

Zero Knowledge Proofs: ZCash, Ethereum, ...

Zero Knowledge Proofs sind der wirkungsvollste Weg, um die Privatsphäre zu erhöhen, und sie werden von Kryptowährungen wie ZCash und, seit dem Byzantium Upgrade, mittlerweile auch von Ethereum verwendet. Traditionelle Blockchain-Kryptographie funktioniert so, dass man eine Transaktion mit dem Private Key signiert und die resultierende (Tx-ID) Transaktions-ID (das Puzzle Teil) der Beweis dafür ist, dass man die Coins besessen hat. Die Tx-ID lässt jedoch zwingendermaßen darauf zurückschließen, wer wem welche Coins sendet. Es kann zwar niemand daraus den Private Key berechnen, doch die Transparenz ist somit 100 %, wie bereits besprochen. Zero Knowledge Proofs bringen die Kryptographie einen Schritt weiter und tun, was der Name vermuten lässt: Sie erlauben es, jemandem zu beweisen, dass man den Private Key besitzt (proof), ohne jedoch zu verraten, wie die Tx-ID (das Puzzleteil) genau aussieht (zero knowledge). So kann man Coins an eine andere Person versenden, ohne eine transparente Spur auf der Blockchain zu hinterlassen. Wie das kryptographisch im Detail funktioniert, ist ein ziemlich komplexer Prozess und du kannst dir eine detaillierte Beschreibung von mir ansehen, indem du nach „Julian Hosp Zero Knowledge Proofs" googlest.

Um es einfach auszudrücken: Stell dir vor, dass der PIN-Code für ein Handy der Private Key ist und der entsperrte Bildschirm die Tx-ID. Um zu beweisen, dass man den PIN-Code des Handys kennt, also dass man die Coins verschicken darf, muss man das Handy lediglich entsperren und den Bildschirm herzeigen. Nun sieht aber jeder den Bildschirm und damit die komplette Information der Tx-ID. Wie kann man nun jemandem beweisen, dass man zwar den Private Key (die Handy-PIN) kennt, ohne die Tx-ID (das entsperrte Handy) herzeigen zu müssen? Man könnte zum Beispiel das Handy entsperren, es niemandem zeigen, aber stattdessen einen drahtlosen Hotspot aktivieren. Das könnte zwar durch andere Funktionen auch passiert sein, wenn man diesen aber auf Abruf jederzeit ein- und abschalten kann, so können andere mit hoher Wahrscheinlichkeit davon ausgehen, dass man den Private Key (die PIN) tatsächlich kennt.

Zero Knowledge Proofs sind also Wahrscheinlichkeitsbeweise, bei denen man mit hoher Wahrscheinlichkeit nachweist, dass man etwas hat oder kann, ohne die Details verraten zu müssen. Sie wären die bei weitem beste kryptographische Lösung, da sie keine anderen Leute benötigen und unglaublich effizient sind. Es gibt nur einen großen Nachteil: In der kryptographischen Funktion gibt es einen sogenannten Master Key. Wer diesen Schlüssel kennt, kann jede Transaktion signieren und damit die gesamte Blockchain kontrollieren. Stelle dir den Master Key vor, als wie wenn eine Behörde eine PIN hätte, mit der man einfach so jedes Handy entsperren könnte. Sie würden immer „den Hotspot ein- und ausschalten können" aber niemand wüsste, ob es die tatsächliche PIN für das spezielle Handy oder der Master Key war. Mit dem Master Key könnte man Coins einfach aus dem Nichts erstellen, da man etwas nachweisen kann, was eigentlich gar nicht existiert. Nachdem bei Zero

Knowledge Proofs niemand den Versender und Empfänger der Coins kennt, da man darauf vertraut, dass die PIN gestimmt hat, sieht man nicht einmal, ob jemand den Master Key hat oder nicht.

Bei der Erstellung von ZCash wurde dieser Master Key zum Beispiel von der Gruppe an Core-Developern erstellt, die dann, auf Kamera aufgenommen, zeigten, wie sie alle Teile des Keys zerstört haben. Mehrmals kamen Zweifel auf, ob wirklich alle Teiles des Schlüssels zerstört wurden oder nicht. Zahlreiche Ermittlungen wurden eingeleitet, doch nie konnten schlagkräftige Beweise gefunden werden. Auch wenn somit alles legitim erscheint, ist diese Schwäche der potentielle Erfolg und gleichzeitige Fall dieser Technologie. Einige andere Kryptowährungen, allen voran Ethereum mit den so genannten zk-snarks (Zero Knowledge Snarks), versuchen durch solche kryptographischen Erweiterungen ihrer eigenen Blockchain, einen Teil dieser zusätzlichen Privatsphäre hinzuzufügen, und gleichzeitig wird bereits an Verbesserungen gearbeitet, bei denen kein Master Key in der kryptographischen Formel mehr notwendig ist. Es existiert also Licht am Ende des Privatsphären-Tunnels.

Eine Frage stellt sich nun jedoch: Ist diese Intransparenz solcher Coins gut oder schlecht?

Sind private Coins gut oder schlecht?

Diese privaten Kryptowährungen werfen ehrlicherweise die folgende Frage auf: „Wofür braucht man ein Zahlungsmittel, das überhaupt nicht nachvollziehbar ist und keine Grenzen kennt?“ Eine unmittelbare Antwort wäre: „Für alles, was man illegal bezahlen will, also Drogen, Prostitution, Geldwäsche usw.“ Während ein Teil davon sicher stimmt, muss man nicht nur das Problem der Fungibilität in Betracht ziehen, sondern sollte sich auch fragen, wie viel Privatsphäre einem zusteht. Will man wirklich, wenn sich die

Transparenz einer Blockchain durchsetzt, dass jedermann weiß, dass man zum Beispiel gerade im Krankenhaus bezahlt hat, welche Vorlieben man hat, wo man im Urlaub ist oder worin man gerade investiert hat? Privatsphäre hat ihre Vor- und Nachteile, denn ein gewisses Maß an Anonymität und Transparenz ist nicht nur in Ordnung, sondern absolut notwendig. Sonst haben wir den Big Brother, vor dem so viele warnen. Es wird darauf hinausführen, die berühmte goldene Mitte zu finden. Doch genau dafür braucht es diese private Coins und deshalb haben sie definitiv einen Platz im Krypto-Ökosystem verdient. Es ist ein sehr spannender Bereich und deshalb habe ich in alle drei Technologien (Monero, Dash, ZCash) investiert.

Banking Coins: Ripple, etc.

Sollte man, wie es die Presse gerne kommuniziert, glauben, dass Banken oder Staaten gegen Kryptowährungen sind, so liegt man absolut falsch. Aufgrund der technischen Vorteile von Blockchains arbeiten sogar viele Banken und Länder bereits an eigenen Lösungen bzw. testen Kollaborationen mit bestehenden Public Blockchains. Banking Coins wie Ripple XRP, Stellar Lumen XLM, R3 und viele andere konzentrieren sich hierbei vor allem auf Geschwindigkeit und Skalierbarkeit. Der populärste Coin darunter, Ripple, erhält jedoch auch die meiste Kritik von der Blockchain Community, da die Kreierer das No-Go begangen haben, 100 % der pre-gemineden Token am Anfang einzubehalten. Während Ripple zwar einige interessante Anwendungsbereiche hat, ist dieser zentralisierte Coin-Besitz eine nicht zu unterschätzende Gefahr, bei der man sehen muss, wie sich dies in Zukunft entwickeln wird. XLM forkte deshalb von Ripple, hat aber noch nicht die notwendige Popularität gefunden. Die Bankenkollaboration R3 in Kombination mit Corda zielt auf den Aufbau eines Netzwerks von Banken über eine Blockchain ab. Alle das sind interessante Ansätze, welche wahrscheinlich noch keine finalen Lösungen darstellen, aber für solche eine Grundlage bilden können. Aus dieser Gruppe habe ich persönlich in Ripple investiert, da ich das Core Team dort persönlich kenne und ihnen vertraue, den riesigen Teil ihrer Coins nicht einfach zu missbrauchen. Ich kann hier aber natürlich vollkommen falsch liegen und deshalb sollte man sich auf jeden Fall eine eigene Meinung zu diesen Coins bilden.

Dezentrale Konsensus-Lösungen ohne Blockchain: IOTA Tangle & Hashgraph

Wie wir bereits beim Thema Konsensus besprochen haben, soll die Blockchain eine zentrale Einheit davon ablösen, den Konsensus zu bestimmen. Das Hauptmanko dabei ist, dass bei einer Blockchain jeder alles wissen muss. Die Geschwindigkeit und Rechenleistung eines Nodes ist damit die Grenze für die gesamte Blockchain. Wenn dieser Node nicht mehr als 100 Transaktionen pro Sekunde verarbeiten kann, ist dies die maximale Kapazität – sonst gibt es in diesem System keinen Konsensus. Viele Finanzsysteme würden aber tausende Transaktionen pro Sekunde benötigen. Einige neuere Ansätze gehen deshalb in die Richtung, dass Konsensus nicht mehr im ganzen System herrschen muss.

IOTA zum Beispiel löst dies durch ein sogenanntes **Tangle**. Die Teilnehmer speichern nicht mehr alle Vorgänge ab, sondern nur noch „lokale" Daten ihrer „Nachbarn" und vertrauen dabei darauf, dass „andere Regionen" dies ebenfalls sorgfältig machen. Anstatt Minern diese Arbeit zu überlassen und sie dafür bezahlen zu müssen, werden die Transaction Confirmations von jedem Teilnehmer ausgeführt, der selbst eine Transaktion durchführen will. Während IOTA dabei sehr vielversprechend aussieht, was die Lösung der Skalierbarkeit angeht, so wirft es aufgrund des noch wenig getesteten Status die berechtigte Frage auf, ob ein solches System angegriffen, betrogen und somit überhaupt breitflächig genutzt werden kann.

Der **Hashgraph** baut noch weiter auf diesem Konzept des lokalen Konsensus auf und verwendet „Tratsch und Klatsch" als ein Protokoll. Hierbei vertrauen unterschiedliche Nodes all jener Information, welche sich regelmäßig bestätigen lässt, und verbreiten diese weiter, ähnlich wie Tratsch und Klatsch in einem Dorf.

Nachdem der Hashgraph (noch) KEINEN Token hat, ich jedoch an das Potenzial dieser Systeme glaube, habe ich ein wenig meines Kapitals in IOTA investiert. Man muss dies jedoch mit großer Vorsicht genießen, denn beide Konzepte befinden sich noch eher in einem Proof of Concept als in der tatsächlichen Nutzungsphase. Wenn du mehr über diese Technologien wissen willst, google einfach nach „Julian Hosp IOTA" und „Julian Hosp Hashgraph". Systeme, welche bereits in Anwendung sind und an welchen auch ich selbst aktiv beteiligt bin, sind jene, die versuchen, die Skalierung der Blockchains über Blockchain-Konnektoren zu lösen.

Blockchain-Konnektoren: Lightning, Raiden, Interledger, ...

Man kann die Vorteile einer Blockchain (klare Regeln, Konsensus etc.) mit der Skalierung durch ein Peer to Peer Netzwerk erweitern. Bei TenX arbeiten wir selbst auch mit einem kryptographisch sicheren, Off-Chain-, Multi Asset- und Instant Transaction-Netzwerk namens **COMIT** an einer solchen Lösung.

Einige andere Teams arbeiten vor allem an Ideen, die auf bestimmte Anwendungsfälle spezialisiert sind. Zum Beispiel konzentriert sich das **Lightning Network** auf Bitcoin und Litecoin, um hier über Peer to Peer Payment Channels (was das ist, kommt noch) eine unlimitierte Skalierung zu ermöglichen. Anstatt direkt über die Blockchain zu kommunizieren, gehen Teilnehmer hier „off-chain" (also von der Kette) und schicken sich Coins zu zweit hin und her. Das

Raiden Network und **Plasma** konzentrieren sich auf ähnliche Weise mit Hilfe des **Sharding** auf Ethereum. Hierbei werden Subgruppen innerhalb von Ethereum gebildet, wodurch sich der Konsensus unlimitiert skalieren lässt. Das **Interledger-Protokoll** von Ripple konzentriert sich auf den Bankensektor, um hier noch schneller und günstiger den Finanzaustausch zu vollziehen. Unser Fokus bei TenX liegt hier mit COMIT jedoch vor allem im Verknüpfen unterschiedlicher Blockchains zu einem großen Open Source-Netzwerk.

COMIT

COMIT ist eine Verbindung zwischen Blockchains, welche dem größeren Netzwerk die notwendige Stabilität und Sicherheit geben. Wenn man es mit dem Internet vergleicht, dann funktioniert COMIT im Vergleich zu den Blockchains so ähnlich wie das Internet im Vergleich zu den Intranets. COMIT verbindet Blockchains auf komplett offener Basis, das Internet macht dasselbe mit Intranets. Wir sind der festen Überzeugung, dass ein solches Blockchain-Netzwerk, genau wie das Internet, keine Reibungspunkte haben sollte. Deshalb gibt es auch KEINEN COMIT-Token und man kann an COMIT nur über unsere Firma TenX mit dem PAY-Token partizipieren. Die Vision unserer Firma ist hierbei viel mehr als „nur Kryptowährungen mit einer Karte ausgebbar zu machen". Über COMIT werden wir das Finanzsystem neu definieren, denn wer glaubt, dass sich die Leute jemals auf eine Blockchain oder eine Kryptowährung einigen werden, braucht sich nur Sprachen anzuschauen: Wir haben einige Tausend davon und es scheint nicht, dass wir uns hier jemals auf eine einzige einigen werden. Nicht einmal im deutschsprachigen Raum schafft man das mit all den Dialekten. Ich bin Österreicher, glaub mir, ich weiß, wovon ich hier spreche ;-) Deshalb bin ich fest davon überzeugt, dass Währungen noch mehr aufgeteilt sein werden. Lösungen, die mit einem Token versuchen, diese Kryptowährungen zu verbinden, werden Schwierigkeiten haben, große Finanzspieler davon zu überzeugen, sie zu nutzen. Wenn zwei Personen in COMIT miteinander interagieren möchten, brauchen sie weder COMIT noch der anderen Person noch einer Firma zu vertrauen. Sie nutzen einfach die Blockchain, auf der sie sowieso bereits sind, und kreieren einen kryptographisch sicheren Payment Channel zur anderen Person.

GEEKY

Payment Channels

Anstatt sich gegenseitig Coins zu schicken, indem man alle Teilnehmer der Blockchain informiert, informiert man gemeinsam mit einer zweiten Person die Blockchain, dass man die Coins in einen Payment Channel legt. Weder man selbst noch die andere Person kann die Coins herausnehmen, es sei denn beide stimmen zu. An den anderen Coins in dem Channel zu schicken, bedeutet im Grunde, dass man die Zustimmung des anderen erhält, sich eine gewisse Anzahl an Coins jederzeit herausnehmen zu dürfen. Der Vorteil ist nun, dass man in diesem Channel, so oft man will, Coins hin und her schicken kann, ohne alle anderen darüber informieren zu müssen. Jeder kann so viele Channels mit anderen Menschen aufmachen, wie er will, was die Skalierung einer Blockchain unendlich hochbringt, da nur mehr Basistransaktionen auf der Blockchain selbst, der Großteil jedoch über Payment Channels erfolgen können. Diese Payment Channels können bei COMIT auch verschiedene Blockchains verbinden, indem sie Atomic Swaps bilden.

Atomic-Swaps

Atomic Swaps verbinden über Payment Channels unterschiedliche Blockchains, zum Beispiel Ethereum und Bitcoin. Wenn man nun Bitcoin in dem einen Channel hat, Ethereum im anderen, und die beiden über eine dynamische Wechselrate verbindet, kann man auf kryptographisch sichere Art und Weise Coins von anderen Blockchains miteinander tauschen. Es funktioniert genauso, als hättest du Bitcoin in der linken und ich Ethereum in der rechten Hand. Wenn du mir dein Bitcoin links gibst, muss ich dir meine Ether rechts geben, aber wenn du dein Bitcoin links behältst, behalte ich auch automatisch meine Ether rechts. Solche Atomic Swaps erlauben ein Vernetzen von Blockchains, ohne jemandem oder etwas vertrauen zu müssen. Der nächste Schritt in COMIT ist nun, diese Atomic Swaps zu sogenannten HTLCs (Hashed Time Lock Contracts) aneinander zu reihen.

HTLCs (Hashed-Time-Lock-Contracts)

HTLCs bei COMIT funktionieren wie hintereinander geschaltete Atomic Swaps: Ich gebe dir Bitcoin, das du dann deinem Freund geben musst, der dir dann dafür Ether gibt, welches du mir gibst. Alles geschieht wiederum ohne wesentliche Zeitverzögerung und vollkommen sicher, da niemand aus der kryptographischen Kette abreißen kann.

GEEKY OFF

Über diese simplen und Open Source-Bausteine entsteht COMIT: ein kryptographisch sicheres (weil niemand betrügen kann und somit keiner jemand anderem vertrauen muss), Off-Chain (man ist nicht auf die Geschwindigkeit der Blockchain angewiesen), Multi Asset (man kann unterschiedliche Blockchains verknüpfen), Instant (alles passiert sofort), Transaction Network (Netzwerk). Die Möglichkeiten hierbei sind weitreichend: Es ermöglicht Leuten, in „Blockchain“ als solche zu investieren, aber auch Staaten, sich untereinander zu verbinden. Wenn du mehr über die beschriebenen kryptographischen Konzepte erfahren möchtest, google einfach nach „Julian Hosp COMIT“ bzw. lies das dazugehörige White Paper: www.comit.network

KAPITEL 11 – INVESTIEREN IN KRYPTOWÄHRUNGEN

Gratuliere, du hast nun so ziemlich die wichtigsten Grundlagen zu Blockchain, Kryptowährungen und Dezentralisierung gelernt. Du bist nun #CRYPTOFIT. Jetzt geht es zum aufregendsten Kapitel über, nämlich, das Gelernte in die Praxis umzusetzen. Vielleicht fühlst du jedoch genau das Gegenteil und bist nicht aufgeregt, endlich durchstarten zu können, sondern du siehst eher Gefahren als Chancen und willst das Buch am liebsten zumachen. Unwohlsein, wenn man in etwas Neues startet, ist ganz normal. Umso wichtiger ist es, die eigene Komfortzone zu erweitern, um neue Bereiche und damit neue Möglichkeiten zu erkunden. Lies also, egal ob du dich schon freust oder nicht, mit offenem Verstand bis zum Ende.

Sollte man überhaupt in Kryptowährungen investieren?

Anstatt dir meine persönliche Meinung zu geben, welche du dir sowieso bereits denken kannst, möchte ich die Prognose des Weltwirtschaftsforums zitieren, wonach Kryptowährungen als Ganzes bis 2025 etwa 7 Billionen Euro erreichen werden. Das sind 7.000 Milliarden Euro. Theoretisch könnte Bitcoin das alleine schaffen. Ende 2017 steht der Gesamtmarkt, welcher auf www.coinmarketcap.com ersichtlich ist, gerade einmal bei 4 %. Laut Vorhersage der schlauesten Ökonomen wird dieser Markt in den nächsten Jahren, konservativ gerechnet, also um das fünfundzwanzigfache ansteigen. Es existiert ein enormes Wachstums- ABER auch Risikopotenzial! Die meisten Kryptowährungen haben sich noch nicht bewährt und keine von ihnen existiert länger als ein Jahrzehnt. Dass sich die Technologie der Blockchain durchsetzen wird, darüber sind sich die meisten einig, nur welche Applikationen es davon sein werden, ist schwierig vorherzusagen. Vergleicht man es mit den 1990er Jahren, so wäre eine Investition ins „Internet" eine Garantie für Reichtum. Doch da es „das Internet" nicht zum Investieren gibt, musste man Anwendungen (Firmen) zum Investieren auswählen. Über 99 % dieser Unternehmen floppten und all jene Investoren, welche auf schlechte Pferde gesetzt hatten, verloren beim Platzen der Dot-Com-Blase ihr gesamtes Geld. Etwas Ähnliches erwarte ich im Kryptowährungsraum. Könnte ich „in die Blockchain" investieren, würde ich alles investieren, was ich besitze. Aber wie beim Internet-Beispiel ist das nicht möglich. Man muss die Anwendungen oder, im Falle von Blockchain-Technologien, die Kryptowährungen auswählen und hier gehe ich ebenfalls davon aus, dass die meisten dieser Kryptowährungen auf 0 gehen werden. Genauso wie im Internet gilt es, sich durch das Meer von Möglichkeiten hindurchzuwühlen, um all jene Diamanten herauszupicken, welche trotz des Platzens einer möglichen Blase immer noch Milliarden und vielleicht sogar Billionen wert sein werden. In diesem letzten Kapitel geht es genau darum, dir meine persönlichen Gedanken hierzu weiterzugeben, damit du diese mit deinen eigenen Ideen hoffentlich auf lukrative Art und Weise kombinieren kannst.

Befinden sich Kryptowährungen in einer Blase?

Ich hoffe es! Nicht die Antwort, die du erwartet hast, oder? Lass sie mich dir erklären: Blasen zählen zu den wichtigsten Motoren der Wirtschaftsmaschinerie. Sie sind absolut notwendig, da sie Unternehmen, die in der Bubble-Phase wachsen wollen, einfachen Zugang zu Kapital verschaffen, dann aber die schwachen Unternehmen aussortieren, wenn die Blase platzt. Medien wollen den Durchschnittsbürger schützen, und erklären Blasen immer als etwas Gefährliches. In den meisten Fällen ist das auch so, doch der Trick als Unternehmen ist, eine Blase mit einem großartigen Team und vielen Kunden (etwas, was wir bei TenX haben) im Aufwind zu nutzen und dann während des Platzens durch Stärke und Disziplin entgegenzuwirken. Als Investor besteht der Trick darin, während des Aufwärtstrends einer Blase Investments, ohne dabei gierig zu werden, schlau zu streuen, um dann beim Platzen, nicht vernichtet zu werden. Dies beginnt mit einer wichtigen Frage: Wie ist denn das Risiko-Nutzen-Verhältnis beim Investieren in Kryptowährungen?

Wie hoch ist das Risiko-Nutzen-Verhältnis bei Kryptowährungen?

Beim Investieren ist eine der wichtigsten Fragen, die man sich stellen muss, was denn das Potenzial nach oben und das Risiko nach unten ist. Danach muss man sich fragen, wie wahrscheinlich es ist, dass das jeweilige Szenario eintritt. Viele Menschen sehen zum Beispiel Immobilien als ein sicheres Investment. Auch ich selbst investiere in Wohnungen, doch gerade Ende 2017 stelle ich mir bei den derzeitigen Preisen die folgende Frage: Wohin könnten Immobilien preislich nach oben bzw. nach unten gehen? Das hängt natürlich stark von der genauen Gegend ab, in der du lebst, aber wenn wir uns einen „Durchschnittsort" in Deutschland oder Österreich vorstellen, so wäre ein „Absacker" der Immobilienpreise um ca. 25 % nicht allzu undenkbar. In vielen Gegenden sind die Preise zwar im letzten Jahr relativ stabil geblieben, doch einen 10 %-Anstieg sehe ich ebenso als möglich an. Wie hoch ist nun die Wahrscheinlichkeit der jeweiligen Szenarios? Ein 25 %-Rückgang ereignet sich statistisch gesehen ca. alle zehn Jahre, da sich Immobilienpreise tendenziell in Wellen bewegen. Das ist eine Wahrscheinlichkeit von 10 % pro Jahr.

Dass die Preise noch ein bisschen weiter steigen, sehe ich als wahrscheinlicher an, sagen wir 20 % Wahrscheinlichkeit. Was bedeutet das also für meine Risikokalkulation einer Immobilieninvestition? Investieren – Ja oder Nein? Wenn Leute rein nach dem Bauchgefühl entscheiden, dann sagen die meisten bei Immobilien „Ja", ganz egal, was die eigentlichen Preise und Wahrscheinlichkeiten sagen. Wenn ich mir jedoch die Zahlen anschaue, überrascht es mich, wie viele Leute momentan nach Immobilien schauen. Denn rein mathematisch macht das bei diesem hohen Preisniveau bei meinen eigenen Kalkulationen wenig Sinn. Warum? Hier ist die mathematische Formel:

10 % Gewinn x 20 % Wahrscheinlichkeit = 2 % Nettoertrag
25 % Risiko x 10 % Wahrscheinlichkeit = 2,5 % Nettoverlust

Hätte man einen „perfekten" Markt und eine unbegrenzte Menge an Möglichkeiten, um in Immobilien bei diesen Zahlen zu investieren, würde man am Ende eher Geld verlieren als gewinnen. Bei den von mir absolut subjektiv errechneten Wahrscheinlichkeiten geht man im Schnitt zwei Schritte vorwärts doch gleichzeitig zweieinhalb Schritte rückwärts. Das wäre unterm Strich ein Nettoverlust. Natürlich ist diese Milchmädchenrechnung sehr theoretisch und dient mehr zu Demonstrationszwecken, denn als eine Anlageempfehlung. Wir könnten eine solche Rechnung ebenso für Aktien, Gold, Anleihen und ... auch die Anlageklasse der Kryptowährungen vornehmen. Intelligente Investoren treffen ihre Entscheidungen eben nicht einfach nur aus dem Bauch heraus, sondern untermauern diese mit klaren Zahlen und Wahrscheinlichkeiten. Der Durchschnittsbürger hingegen investiert lieber in das, was er/sie kennt. Ganz egal, ob er/sie dabei Geld verliert. Etwas Neues wie Kryptowährungen ist hier fremd. Genau deshalb investiert der Durchschnittsbürger erst, wenn er es zum hundertsten Mal in den Medien gehört hat, dann ... wenn der Markt in einer gesunden Reaktion kontrahiert und das „schlaue Geld" bereits investiert wurde. Wie rechnen diese Leute mit „dem schlauen Geld"?

Um dir nicht meine eigene Meinung aufzubinden, nutze ich abermals die Statistik vom Weltwirtschaftsforum, welches einen fünfundzwanzigfachen Gewinn für Kryptowährungen in den nächsten Jahren voraussagt. Nutzen wir jedoch „nur" knapp die Hälfte davon für diese Berechnung: Eine Verzehnfachung. Meiner Meinung nach wird das mit einer Wahrscheinlichkeit von 20 % passieren. Ich rechne hier definitiv pessimistisch, denn eigentlich denke ich, dass es viel wahrscheinlicher eintritt. Beim Risiko muss man verstehen, dass man mit Kryptowährungen definitiv alles verlieren kann, man hat also 100 % Risiko. Ich wähle hier weniger als 20 % Wahrscheinlichkeit, da ich persönlich denke, dass es wahrscheinlicher ist, dass Kryptowährungen als Ganzes erfolgreich sind, anstatt dass sie komplett auf 0 gehen. Dies setzt voraus, dass man das Risiko streut und nicht auf eine einzelne Währung, sondern auf eine ganze Gruppe setzt. Du kannst die Rechnung gerne mit deinen eigenen Zahlen machen, so sieht das jedoch bei mir aus:

1.000 % Gewinn mit einer Wahrscheinlichkeit von 20 % = 200 % Nettoertrag

100 % Risiko mit 10 % Wahrscheinlichkeit = 10 % Nettoverlust

Wenn man die mathematische Formel betrachtet, wird eines sofort kristallklar:

MIT KRYPTOWÄHRUNGEN KANNST DU DEIN GESAMTES GELD VERLIEREN!

Schaut man sich nun die Zahlen komplett rational an, erkennt man, dass man jedes Mal, wenn man zweihundert Schritte vorwärtsgeht, nur zehn Schritte zurückgeht. Es gibt natürlich KEINE Garantie dafür, dass dieses Szenario auch wirklich so eintritt, doch für mich als rationaler Investor zählt das Folgende:

Das Risiko-Nutzen-Verhältnis ist sehr attraktiv!

Und das ist, was beim Investieren zählt. Fragt man einen professionellen Pokerspieler, so wird dieser immer sagen: „Niemand weiß, was die Zukunft bringen wird, aber ich mag es, wenn mir die Wahrscheinlichkeiten gut gesonnen sind!" Und ich liebe es, das Gleiche beim Investieren zu tun.

Wie viel sollte man in Krypto investieren?

Bevor du losziehst und dein gesamtes Geld investierst, hier noch einmal eine Erinnerung:

Du kannst dein ganzes Geld verlieren. Investiere also NICHT mehr, als du bereit bist, zu verlieren.

Die genaue Investitionssumme für jeden einzelnen zu bestimmen, ist schwierig. Ich kann auf jeden Fall empfehlen, zumindest ein bisschen in Kryptowährungen zu investieren, auch wenn es nur 50 Euro sind. Wenn du ein kalkulierter Risikogänger bist, investiere vielleicht 5–10 % deines liquiden Kapitals. Wenn du gerne vorsichtiger bist, mach weniger und suche dir hauptsächlich „große" Coins aus. Das Verlustrisiko ist tendenziell umso geringer, je größer die Marktkapitalisierung einer Kryptowährung ist, zum Beispiel bei Bitcoin oder Ethereum.

Wann ist der beste Zeitpunkt, um in Krypto zu investieren?

„Der beste Zeitpunkt war gestern; der zweitbeste ist heute."

Während dieses Zitat definitiv nicht immer richtig ist, hebt es jedoch etwas sehr gut hervor: je früher man in einen wachsenden Markt, wie den Blockchain-Markt, kommt, desto besser. Da man jedoch immer gerade in eine Bubble fallen kann, sollte man nie seine gesamte Investitionssumme sofort investieren. Teile zum Beispiel dein Geld, welches du planst zu investieren, in drei Teile auf: Angenommen bei 900 Euro wären das dann drei mal 300. Investiere die ersten 300 Euro sofort und diversifiziere sie auf einige der größeren Coins. Sobald der Markt einen Rücksetzer macht, und das macht er immer irgendwann, investiere die zweite Charge. Warte nun, bis der Markt abermals abfällt, und investiere den dritten Teil. Auf diese Weise hast du über den Lauf der Zeit einen sehr schönen Durchschnittseffekt. Wenn du unterwegs zusätzliches Geld flüssig hast, kannst du in regelmäßigen Abständen nachkaufen. Das schlechteste ist, wenn du der Herde folgst und dann kaufst, wenn gerade ein Hype ist, und genau dann verkaufst, wenn Krisenstimmung herrscht. Durch rationale Entscheidungen kannst du diesem destruktiven Verhalten gut ausweichen.

Was ist die beste Kryptoinvestitionsstrategie?

Niemand weiß, welche Kryptowährung wann nach oben geht oder fällt. Jeder, der dir sagt, dass er es 100 % weiß, ist ein Lügner. Es kann niemand wissen. Traurigerweise gibt es zu viele dieser Scharlatane und Leute fallen auf den Hype rein, nur um dann drauf zu kommen, dass sie dadurch Geld verloren haben. Wenn du ein erfolgreicher Kryptoinvestor sein willst, halte dich von diesen Menschen fern und konzentriere dich auf diese bewährten Erfolgsstrategien:

1. Diversifiziere über den Lauf der Zeit. Investiere nicht alles auf einmal.

2. Diversifiziere über mehrere Währungen. Zum Beispiel habe ich im Moment 10–15 verschiedene Kryptowährungen, welche ich dir noch auflisten werde.

3. Vertraue nicht den Hypes oder Dramen in den Medien oder von Influencern. Sie kennen den Markt NICHT besser als du, sie schreien nur lauter.

4. Wenn du schon immer einen Coin kaufen wolltest, dessen Preis gerade nach unten geht, kauf ihn. Es macht keinen Sinn, jetzt nicht zu kaufen, nur weil er gefallen ist. Genau das Gegenteil ist der Fall: Du solltest mehr kaufen, weil der Coin gerade billiger geworden ist.

5. Warren Buffett lehrt: „Wenn du erfolgreich investieren willst, kaufe niedrig und verkaufe hoch!“ Es klingt wirklich einfach, doch der Grund, warum die meisten Menschen das nicht erreichen, ist, weil sie durch das Geschrei anderer auf Social Media oder in den Medien abgelenkt werden und nicht ihrer Erfolgsstrategie folgen.

6. Suche NICHT nach Schnell-Reich-Werden-Möglichkeiten. Wenn dir hohe Renditen versprochen werden, halte dich fern. Niemand kann hohe Renditen versprechen. Sie können eintreten, ja, aber niemand kann sie versprechen, außer es steckt ein Scam dahinter.

7. Du hast wahrscheinlich schon vom Zinses-Zins gehört, den Einstein als das achte Weltwunder bezeichnet hat. Wenn du zum Beispiel dein Geld jedes Jahr verdoppelst (100 % pro Jahr), was im Kryptobereich mit ein bisschen Disziplin definitiv möglich ist, hast du über zehn Jahre eine Vertausendfachung! 1.000 Euro bringen dir so 1 Million Euro! (2^{10} = 1024). Sei also geduldig, denn nichts ist schwerer zu kompensieren als Verluste, welche du dir durch unüberlegte Schnellschüsse einhandelst.

8. Wenn du einen Coin verkaufst, verkaufe niemals alles. Behalte immer einen kleinen Rest zurück, denn man weiß nie, was passiert, und vielleicht geht dieser Teil 100 mal. Ich hatte genau diesen Fall 2017, als ich mit ein wenig Ripple unverhofft eine 4.000 % Rendite machte.

9. Halte dich um andere erfolgreiche Kryptoinvestoren herum auf. Trete entweder einer Mastermind-Gruppe bei oder besuche regelmäßig Veranstaltungen und Meetups. Wenn du dies liest und möchtest, dass ich oder sonst jemand von TenX bei einer deiner Veranstaltungen einen Vortrag hält, kontaktiere uns über www.tenx.tech.

10. Hin und Her, macht Taschen leer. HODL! Das ist kein Tippfehler.

Was bedeutet „HODL?"

HODL bedeutet „halten" und kommt von einem berühmten Bitcointalk-Eintrag, in dem sich ein wütender und betrunkener Bitcoin Investor darüber beschwerte, dass ihn sein Mädchen verlassen hat, er sein ganzes Geld mit Bitcoin gerade verliert und er deshalb einfach nur auf alles schei$t und seine bitcoins HODL-ed. Was er auf Englisch eigentlich ausdrücken wollte, war, dass er bitcoins hold-en wird, zu Deutsch: halten und nicht verkaufen. Sein Tippfehler wurde berühmt und hat sich durchgesetzt. Heute sprechen Millionen von Menschen im Krypto-Ökosystem von HODL, wenn sie „halten" meinen und eben nicht jeden Tag kaufen, verkaufen oder handeln.

Wie misst man Gewinne richtig?

Wann immer man in etwas investieret und dabei einen Gewinn erzielt, muss man die Erträge gegen etwas anderes messen, um zu wissen, ob es Sinn gemacht hat oder nicht. Wenn man zum Beispiel in eine hochriskante Kryptowährung investiert und 20 % Gewinn pro Jahr erzielt, mag das zunächst gut klingen. Wenn auf der anderen Seite Bitcoin 30 % Gewinne während der gleichen Zeit gemacht hat, hat man eigentlich 10 % verloren, da Bitcoin, als die größte und am meisten respektierte Kryptowährung, traditionell als die Investition mit dem geringsten Risiko in diesem Bereich angesehen wird. Ein geringes Risiko in dieser Hinsicht bedeutet natürlich immer noch ein hohes Risiko im Vergleich zu manch anderen, eher traditionelleren Investments. Eine Sache, die ich persönlich begonnen habe, ist, mein gesamtes Portfolio mit einer 50/50-Aufteilung von Bitcoin und Ethereum zu messen. So sehe ich, ob meine Investments tatsächlich Sinn gemacht haben oder ob es nicht einfach besser gewesen wäre, in den beiden „Großen", Bitcoin und Ethereum, mit deutlich weniger Aufwand und Risiko zu bleiben. Im Jahr 2017 hatte ich zum Beispiel einen Freund, der mir stolz erzählte, dass er mit all seinen Trades und Investitionen in über einhundert verschiedene Währungen sein Geld nun verdreifacht hatte. Das klingt sehr beeindruckend, doch hätte er sich einfach nur an eine 50/50-Aufteilung von BTC und ETH gehalten, hätte er 2017 bei Bitcoin einen Anstieg von rund 1.000 Euro auf über 8.000 Euro, und bei Ethereum von 10 Euro auf 400 Euro miterlebt. Das ist eine Vervierundzwanzigfachung, ohne viel Arbeit und mit deutlich geringerem Risiko. Man sollte also nicht einfach nur Euro als Messlatte für seine Gewinne, sondern einen „Index" innerhalb der Branche wählen.

Wie sieht mein persönliches Kryptoportfolio aus?

Da man nicht direkt in „Blockchain" investieren kann, muss man jene Kryptowährungen weise auswählen, von denen man glaubt, dass sie die Gewinner sein werden. Niemand weiß, welche das sind. Ich konzentriere mich hauptsächlich auf Kryptowährungen, die einen starken wirtschaftlichen Vorteil gegenüber anderen haben und eine starke Community, großartige Entwickler und eine überzeugende Vision für das, was sie erreichen wollen, aufweisen. Ich springe kaum auf „den neuesten Trend" auf oder mache bei Pump und Dumps mit. Wenn du einen Blogbeitrag von mir zu diesen neuartigen Abzocken lesen willst, suche nach „Julian Hosp Kreisschemata".

Im Jahr 2017 war das meiste meines Gelds im Kryptowährungs-Ökosystem auf die folgenden 10–15 Coins und Tokens verteilt. Eines muss wiederum klar sein: Ich ändere die Aufteilung hin und wieder und weiters ist dieses Portfolio keinesfalls eine Anlageberatung, sondern meine rein persönliche Auswahl. Die Begründungen dazu findest du im Kapitel zuvor, wo ich die einzelnen Coins bespreche:

1. TenX PAY
2. Bitcoin BTC
3. Ethereum ETH
4. Monero XMR
5. Dash DASH
6. ZCash ZEC
7. Ripple XRP
8. Litecoin LTC
9. Ethereum Classic ETC
10. Melonport MLN
11. Augur REP
12. Iconomi ICN
13. New Economy Movement NEM
14. IOTA

WICHTIG

Kopiere dieses Portfolio ja nicht einfach so, da niemand weiß, ob es einen reich oder arm machen wird. Finde also deine eigene Auswahl an guten Coins, indem du mit den zuvor gelisteten Links deine Recherchen anstellst und dieses Portfolio eher als eine persönliche Meinung und nicht als Empfehlung ansiehst.

Der Winter kommt!

Der Grund, warum ich eher auf wirtschaftlich starke und einigermaßen bewährte Coins setze, ist mein Glaube, dass die meisten Coins mit der Zeit wahrscheinlich auf 0 gehen werden. Derzeit haben wir eine steigende Flut und so hat es den Anschein, dass alle Ideen und Coins erfolgreich sein werden. Das liegt nicht an den Sh!tcoins (zu Deutsch: schlechte Coins) selbst, sondern am gesamten Ökosystem. So werden Leute dazu verleitet, teilweise völlig irrational zu handeln, doch man sollte immer bedenken: Solange die Flut steigt, weiß man nicht, wer nackt schwimmt und wer nicht. Sobald das Wasser zurückgeht, kommt die Wahrheit zum Vorschein. Derzeit gibt es über 1.000 verschiedene Coins und ich rechne mit einem Bankrott von über 900 von ihnen. Jene paar Prozent, welche einen potentiellen Kryptowinter überleben, werden nicht nur die Verluste der anderen wett-, sondern sogar fette Gewinne zusätzlich machen. Dieser Krypto-Winter wird irgendwann kommen. Niemand weiß wann und wie, und so ist das Einzige, was man tun kann, darauf vorbereitet zu sein und nicht auf Scams hereinzufallen, die keinen wirklichen Wert liefern. Einer der Gründe, warum ich eine Mastermind-Gruppe zu diesem Thema habe und warum ich auf so vielen Veranstaltungen spreche, ist, auf dem Laufenden zu bleiben und nicht selbst nach vorgefertigten Vorurteilen zu handeln, sondern ein konstruktives Feedback zu Investmentideen zu erhalten. Ich kann dir empfehlen, das Gleiche zu tun.

Wie kauft man Kryptowährungen?

Wenn du dich nun entscheidest, deine ersten Kryptowährungen zu kaufen, hast du zwei Möglichkeiten:

1. OTC (Over The Counter)

Wenn du planst, eine Million Euro oder mehr zu investieren, verwende einen Over The Counter-Service, bei dem du Kryptowährungen direkt, ohne eine Exchange, kaufen kannst. Kontaktiere zum Beispiel http://www.kraken.com für weitere Informationen. Ich bin NICHT mit ihnen verbunden, habe aber ihre Dienste erfolgreich in der Vergangenheit genutzt. Es gibt einige andere solcher Services, sei jedoch vorsichtig, dass du nicht auf Betrüger reinfällst. OTC funktioniert, indem du Euro, CHF oder andere Währungen an den OTC schickst und dir diese die gewünschten Kryptowährungen von einem anderen Kunden zurückschicken, der diese gerade verkaufen will. Mindestbeträge hierfür sind in der Regel 1 Million Euro. Wenn das für dich (noch) nicht möglich ist, dann nutzt du eine Exchange.

2. Exchanges

Exchanges (zu Deutsch: Börsen) erlauben den Tausch, Kauf und Verkauf von allen möglichen Krypto- und Fiat-Währungen. Bei der Registrierung muss man gleich wie bei einem OTC Service auch, KYC (Know Your Customer) durchführen, indem man den Reisepass und einen Adressnachweis hochlädt. Jede legitime Exchange wird dies von dir verlangen. Hier ist eine Liste an Exchanges, die ich selbst benutze. Ich befürworte sie NICHT, sondern ich teile nur meine eigene Erfahrung:

- www.kraken.com (Auf Englisch. Bietet Banktransfer und viele unterschiedliche Coins an)
- www.bitstamp.com (Auf Englisch)
- www.coinbase.com (Auf Englisch. Vor allem gut für Kreditkartenzahlungen)
- https://www.bitcoin.de/de/r/pkapgd (Auf Deutsch)
- www.bittrex.com (Auf Englisch. Bietet viele andere Währungspaare, welche sonst nirgends gelistet sind)

Auch wenn du nicht vorhaben solltest, sofort mit dem Investieren zu beginnen, so solltest du dir trotzdem ein Konto bei einer oder besser gleich mehreren Exchanges anlegen. Die Anmeldezeiten dauern aufgrund der großen Nachfrage manchmal mehrere Wochen.

Die Schritte sind dann die folgenden:

1. Registrieren
2. KYC
3. Euro, CHF etc. überweisen
4. Fiat-Währungen gegen Kryptowährungen tauschen
5. Kryptowährungen sicher aufbewahren

Gerade der letzte Schritt des sicheren Aufbewahrens von Kryptowährungen ist essenziell, wie das Negativbeispiel MtGox und jetzt auch Bitfinex gezeigt haben.

Was ist mit MtGox passiert?

Wenn du dich noch an das Kapitel über Wallets erinnern kannst, so wirst du dich noch entsinnen, dass eines der wichtigsten Dinge bei Kryptowährungen darin besteht, den Private Key zu kontrollieren. Nur so besitzt du auch wirklich deine Coins. Exchanges hingegen erlauben dir das nicht, dafür bieten sie dir eine nutzerfreundliche Bedienungsoberfläche. Wenn eine Exchange ein Problem hat oder es zu einem Fork kommt, so ist man der Exchange hilflos ausgeliefert. Eines der schlimmsten Beispiele war der Zusammenbruch der Börse MtGox. Sie war damals 2013 / 2014 die größte und einflussreichste Exchange. Der Großteil des Handelsvolumens wurde dort umgesetzt. Aufgrund eines Hacks oder eines Inside-Jobs (so genau weiß man das nicht) gingen bitcoins im damaligen Wert von einer halben Milliarde verloren. Glücklicherweise hatte ich damals keine Coins auf MtGox, doch viele meiner Freunde verloren so viele Coins, dass sie eigentlich Multimillionäre wären, hätten sie diese heute noch. Etwas Ähnliches fiel 2016 und 2017 bei der Hong Kong Exchange Bitfinex vor und leider haben jedes Jahr irgendwelche Exchanges immer wieder Probleme.

Die Lösung besteht darin, Kryptowährungen sofort nach dem Kauf von einer Exchange abzuheben. Du kannst nach dem „**Julian Hosp Bitcoin VIP Webinar**" suchen, wo ich sehr detailliert auf die Einzelheiten eingehe, wie das logistisch abläuft. Hier eine Zusammenfassung:

Wo bewahrt man Kryptowährungen auf?

Den Großteil zur Aufbewahrung von Kryptowährungen haben wir bereits im Wallet-Kapitel besprochen. Falls du dich nicht mehr so gut daran erinnern kannst, gehe noch einmal dorthin zurück, da ich dieses Wissen zu Soft und Hard Wallet voraussetze.

Ich bewahre meine Kryptowährungen auf folgende Weise auf:

- Ich benutze Exchanges nur, um Kryptowährungen zu kaufen oder zu verkaufen. Kryptowährungen behalte ich nur dann auf Exchanges, wenn es keine guten Wallets dafür gibt, oder wenn die Mengen so gering sind, dass sich das Abheben nicht lohnt.

- Ein bisschen Bitcoin und Ether halte ich immer in meiner TenX-Wallet (www.tenx.tech) als HOT-STORAGE, welches ich über die TenX-Karte jederzeit und überall ausgeben kann. Ich behandle diese Coins so, als würde ich eine Brieftasche mit Euro mit mir tragen. Mir ist bewusst, dass ich dieses Geld verlieren könnte, aber es wäre nicht das Ende der Welt. Zusätzlich verwende ich Bread www.breadwallet.com für Bitcoin und www.myetherwallet.com für Ethereum bzw. ERC20-Token. Ich benutze Jaxx für einige andere Coins: www.jaxx.io.

- Der Großteil meiner Coins befindet sich in einem Cold Storage auf meiner Hard Wallet: www.julianhosp.com/hardwallet. Den Private Key dafür habe ich auf drei Stück Papier geschrieben und diese an unterschiedlichen Orten sicher eingeschlossen. Ein solches System ist preiswert (ca. 100 Euro für die Hard Wallet und ca. 40 Euro pro Jahr für die Schließfächer), doch wahnsinnig sicher. Auf diese Weise ist es sehr schwierig, jemals den kompletten Zugriff auf die Private Keys zu verlieren, doch gleichzeitig ist die Sicherheit ungemein hoch. Man darf hier die Gefahr von Diebstahl, Einbruch, Naturkatastrophen, Bränden und Wasserschäden nicht unterschätzen.

Wenn du gerade mit ein paar Euro anfängst, dann ist es absolut in Ordnung, alles auf der Exchange zu lassen, solange es wirklich nicht zu viel Geld ist. Du solltest dann rasch lernen, deine eigenen Wallets zu haben, auch wenn sie zu Beginn „HOT“ sind. Sobald die investierten Beträge größer werden, solltest du in eine Hard Wallet investieren und über ein geeignetes Schlüsselverwaltungssystem verfügen. Doch immer alles Schritt für Schritt. Du brauchst den Karren nicht vor das Pferd spannen.

Wann sollte man Kryptowährung verkaufen?

Diese Frage lässt sich genauso schwierig beantworten wie die, wann man kaufen sollte. Im Allgemeinen verkaufe ich einen Coin, wenn er deutlich mehr gestiegen ist als andere. Ich verkaufe fast nie für Euro, sondern tausche Coins hauptsächlich in andere Coins, die gerade eine unterdurchschnittliche Performance hatten oder vielversprechende Neuerungen bringen. Ich verkaufe niemals einen Coin komplett, da man nie weiß, ob er nicht irgendwann später richtig stark wird. Ich versuche nie, den Markt vorherzusagen, sondern ich passe mich stetig auf das an, was gerade geschieht. Wenn ich mir einmal nicht sicher bin, ob ich verkaufen soll oder nicht, verkaufe ich zum Beispiel die Hälfte. Sinkt der Coin danach, habe ich zumindest einen Teil der Gewinne im Trockenen, steigt der Coin weiter, so partizipiere ich noch mit. Meine persönlichen

Preisprognosen zu Bitcoin und Ethereum habe ich in den jeweiligen Kapiteln beschrieben. Ich glaube jedoch auch, dass es in 7–10 Jahren eine Zeit geben wird, in der wir uns die Frage des Verkaufens nicht mehr stellen werden. Kryptowährungen werden dann nicht mehr in Fiat-Währungen gemessen, sondern sie werden einfach eine der akzeptierten Währungen sein. Sie werden meiner Meinung nach dabei unglaublich viel wert sein. Deshalb kaufe ich sie heute billig ein und halte sie als HODLER bis zu diesem Moment.

Wie werden Kryptowährungen besteuert?

Die Besteuerung ist von Land zu Land unterschiedlich, und ich kann dir auf jeden Fall empfehlen, einen Steuerexperten in deiner Nähe zu Rate zu ziehen. Versuch bitte nicht, Steuern durch Kryptowährungen zu vermeiden. Kryptowährungen sind, wie du nun weißt, weniger privat als viele denken. Sei also lieber ein gesetzestreuer Bürger und halte dich an die Regeln. Eine wichtige Sache, von der ich denke, dass sich Aufsichtsbehörden damit befassen sollten, ist die Unterscheidung zwischen Steuern aus Spekulationen und Steuern aus Nutzung von Kryptowährungen. Einige Länder wie Australien tun das bereits und geben einen Steuerfreibetrag, wenn man nachweisen kann, dass man Kryptowährungen zum Ausgeben und nicht zum Investieren verwendet. Das bringt uns zur finalen Frage aus diesem Kapitel:

Wie kann man Kryptowährungen ausgeben?

Betrachtet man die zentralen Anforderungen einer Währung, so kann man leicht erkennen, dass sich derzeit Kryptowährungen zwar gut als Recheneinheit, jedoch nicht wirklich als Zahlungsmittel eignen. Es gibt einfach keine Akzeptanzstellen – noch. Das ideale Szenario wäre, dass sich Kunden und Unternehmen auf eine Kryptowährung einigen und diese zur Interaktion nutzen. Diese Zukunft wird kommen, aber es wird noch ein bisschen dauern. Bis dahin versuchen mehrere Unternehmen, die Lücke zu schließen. BitPay zum Beispiel bietet Händlern einen Dienst an, mit dem sie Kryptowährungen akzeptieren können, wobei das Unternehmen dabei zum Beispiel Euro erhält. Der Wechselkurs passt sich automatisch an die zugrundeliegende Kryptowährung an, sodass dies für den Händler risikofrei ist und dem Kunden gleichzeitig erlaubt, seinen Kauf mit Kryptowährungen zu tätigen.

Während sich BitPay auf die Händlerseite konzentriert, fokussieren wir uns mit unserem Unternehmen TenX (www.tenx.tech) auf die Verbraucherseite. Wir haben TenX gestartet, um Kryptowährungen im Backend (über COMIT) zu verbinden, damit sich Kunden keine Gedanken darüber machen müssen, welche Kryptowährung sie tatsächlich halten, und ihnen gleichzeitig zu ermöglichen, ihre Kryptowährungen jederzeit und überall über eine Debitkarte auszugeben. Überall auf der Welt, online und offline. Während ich dieses Buch schreibe, sind wir immer noch das einzige Unternehmen weltweit, das ein solches System live hat, wo man nur eine App runterladen und dann nur eine Karte bestellen muss, um unterschiedliche Kryptowährungen ausgeben zu können. Es ist wirklich einfach zu bedienen und da wir den bestmöglichen Wechselkurs anbieten, ist es sinnvoller, TenX als eine Exchange zu verwenden. In naher Zukunft bieten wir noch viele weitere Features an, wie zum Beispiel das Kaufen und automatische Diversifizieren von Kryptowährungen auf Knopfdruck. Genau deshalb haben wir von unseren Token-Käufern auch so viel Geld für diese Vision bekommen. Wenn du willst, probiere es selbst aus. Lade dir unsere App kostenlos auf iOS oder Android herunter, hol dir die TenX-Karte und habe deine Kryptowährungen jederzeit griffbereit – sogar am Geldautomaten. Falls du unsere Kryptowährung PAY mit all ihren Vorteilen kaufen willst, hol dir ein paar Token auf www.bittrex.com. Ich würde mich freuen, dich in der TenX Community begrüßen zu dürfen.

KAPITEL 12 – DIE ZUKUNFT VON KRYPTOWÄHRUNGEN

Wie kann die Zukunft von Kryptowährungen aussehen? Dies wird sich in den nächsten zwanzig Jahren genauso drastisch verändern, wie es das Internet in den vergangen zwanzig Jahren gemacht hat. Schauen wir es uns in unterschiedlichen Zeithorizonten an.

Wie werden Zahlungen in 5–7 Jahren aussehen?

Abgesehen von mehr Akzeptanzstellen und besserer Benutzerfreundlichkeit von Kryptowährungen, werden wir in den nächsten 5–7 Jahren so ziemlich jeden Vermögenswert tokenisieren. Aktien, Immobilien, Gold, Treuepunkte und buchstäblich jede andere Sache wird als Token auf einer Blockchain dargestellt werden. Dies führt zu einer nahtlosen Kommunikation zwischen diesen Vermögenswerten und zu einer besseren Price Discovery.

Was ist Price Discovery?

Price Discovery (zu Deutsch: Preisfindung) ermöglicht eine bessere Preisgestaltung für Waren und Dienstleistungen, da mehr Menschen Zugang zu ihnen haben, wenn Märkte liquider werden. Gerade mit COMIT (www.comit.network) wollen wir eine Agnostik an Blockchains erreichen, welche durch das Verbinden der Blockchains eine heute noch schwer vorzustellende Vermögenswerte-Kommunikation ermöglichen wird.

Wie werden Zahlungen in 10 Jahren aussehen?

In den kommenden zehn Jahren wird sich vermehrt zeigen, dass weder alleinige Zentralisierung noch Dezentralisierung die ultimative Lösung sein wird. Es wird immer einen Bedarf an zentralisierten Institutionen geben, doch dezentralisierte Communitys werden diese herausfordern, in Bestform zu sein, damit diese nicht einfach tun können, was sie wollen. Dezentralisierung stellt das notwendige Gegengewicht zur Zentralisierung dar und stellt somit Gleichgewicht her, was wir in den nächsten zehn Jahren vermehrt sehen werden. Banken oder andere Firmen, die diese Bewegung trifft und die das nicht akzeptieren wollen, werden in diesen zehn Jahren bankrottgehen. All jene Firmen, die diese Bewegung annehmen und darauf aufbauen, werden, genauso wie es andere Firmen mit dem Internet getan haben, unglaublich florieren. Wir bei TenX werden uns in dieser Zeit darauf fokussieren, TenX vermehrt als Plattform mit zahlreichen Services und nicht nur als Zahlungssystem aufzubauen.

Wie werden Zahlungen in 15–20 Jahren aussehen?

In 15–20 Jahren glaube ich, dass das neurolinked Gehirn (hoffentlich über TenX) mit Vermögenswerten auf der Blockchain kommuniziert. Durch maschinelles Lernen wählt das System beim Bezahlen aus, welche Vermögenswerte zuerst verwendet und welche vorerst noch behalten werden. Egal ob Gold, Immobilien, Treuepunkte oder viele andere Werte sind so völlig nahtlos, ohne jegliche Reibung, sofort, sicher und buchstäblich ohne Kosten verwendbar. Überall auf der Welt und vielleicht auch auf anderen Planeten.

Ich weiß, dass vieles davon heute noch total verrückt klingt, aber genau das haben wir vor dreißig Jahren über Handys, Social Media oder kostenlose Videotelefonie gedacht. Ähnliches trifft auf diese neue Revolution der Informationsabspeicherung durch Blockchains zu. Du hast mit dem Fertiglesen dieses Buches deine persönliche Grundlage für die dezentralisierte Revolution gelegt. Der erste Schritt in ein neues Thema ist immer der gruseligste. Deshalb möchte ich dir nicht nur für dein Vertrauen danken, dass du diesen Schritt mit mir gemacht hast, sondern dir vielmehr gratulieren, dass du diese Reise angetreten hast. Du bist nun wirklich #CRYPTOFIT und bereit für all die aufregenden Dinge, welche diese Kryptowelt bietet.

BONUS KAPITEL: INITIAL COIN OFFERINGs (ICOs)

Das Thema ICOs haben wir in Kapitel 10 kurz behandelt, aber nachdem sich ICOs gerade in einem regelrechten Hype befinden und ich aufgrund unserer eigenen 80 Millionen ICO international als ICO-Experte angesehen werde, wollte ich in diesem Buch zum Schluss ein Bonuskapitel darüber schreiben. Was sind diese ICOs, warum sind diese relevant und wie kann man als Unternehmen bzw. als Investor von ihnen profitieren?

Was ist eine ICO?

Ein ICO oder Initial Coin Offering ist eine Möglichkeit für ein Unternehmen oder eine Organisation, ihre eigene Kryptowährung zu schaffen und diese dann öffentlich zum Kauf anzubieten.

Diese neue Kryptowährung kann eine eigene Blockchain haben, wie es Ethereum 2014 getan hat, oder sie kann Token-basiert, zum Beispiel als ERC20-Token, auf einer anderen Plattform wie Ethereum aufgebaut sein. Letzteres ist die häufigste Variante und genau so haben wir bei TenX unsere PAY-Token erstellt. In einer ICO tauschen die Käufer des neuen Tokens Kryptowährungen mit dem Unternehmen gegen neu erstellte Token aus. Das Unternehmen erhält Kapital, der Käufer den Token und alle Versprechen, die daran geknüpft sind.

Wie unterscheidet sich eine ICO von einer IPO (Börsengang)?

Eine IPO bzw. ein Börsengang ist, wenn ein Unternehmen seine Aktien der Öffentlichkeit zum Investieren anbietet. Das Unternehmen erhält das Geld der Investoren, der Anleger erhält Aktien und besitzt somit einen Teil des Unternehmens. Ein Börsengang erfordert einen Anlegerprospekt, da die Investoren, die jetzt einen Teil des Unternehmens besitzen, klare Rechte und Einsichten haben. Eine ICO ist hier komplett anders, da hier eine neue Kryptowährung entsteht, die an sich keine großen Rechte am Unternehmen bietet. Normalerweise wird der neue Token als unabhängiges Etwas betrachtet, das an Wert zunehmen kann oder nicht. Es ist mehr eine „Hoffnung des Token-Käufers", dass die Firma mit dem Geld tun wird, was sie zu tun versprochen hat. Viele Firmen, die eine ICO machen, sind noch in der Startup-Phase und so muss man verstehen, dass eine ICO unvergleichlich höhere Risiken birgt als ein Börsengang, der meistens von einem fortgeschrittenem Unternehmen durchgeführt wird.

Was ist ein Tokensale / Tokengeneratingevent?

Du hast vielleicht gehört, dass Unternehmen eine ICO als Tokensale (zu Deutsch: Token-Verkauf) oder Tokengeneratingevent (zu Deutsch: Tokenerzeugungsereignis) bezeichnen. Während dabei einige der Regularien und Abläufe im Hintergrund, anders als bei einer ICO, sind, so ist der Prozess für einen Token-Käufer ziemlich ähnlich. Bei TenX haben wir unseren Token-Verkauf deshalb als Tokensale bezeichnet, weil wir rund 100 Millionen PAY-Token ähnlich einer Kickstarter-Kampagne mit Rucksäcken gegen Kryptowährungen im Wert von rund 80 Millionen US-Dollar verkauft haben. Bei der Kickstarter-Kampagne erhält ein Unternehmen für 10.000 Rucksäcke zum Beispiel 100 Euro pro Rucksack, also insgesamt 1 Million Euro. Nach dem Verkauf hat das Unternehmen keine weiteren Pflichten gegenüber den Token-Käufern, außer die Funktion des Tokens zu erfüllen. Im Falle von TenX ist PAY als Treueprogramm konstruiert und auch so umgesetzt.

Warum machen Unternehmen ICOs?

Im Allgemeinen braucht ein Unternehmen ein Rockstar-Team, um eine gute Idee umzusetzen und das Unternehmen aufzubauen. Damit steht die Herausforderung an, den gesamten Betrieb zu finanzieren. Während traditionelle Finanzierungsmethoden durch Angels oder VCs möglich sind, hat sich die Kryptowelt an diese neue Form der Direktfinanzierung mit der Bezeichnung ICOs gewöhnt. Der Vorteil für das Unternehmen ist, dass es mehr Geld direkt von den Käufern erhalten kann, ohne gleichzeitig einen Teil der Firma verkaufen zu müssen. Der Vorteil für den Käufer ist, dass eine ICO finanziell attraktiv sein kann.

Was macht eine ICO erfolgreich?

Das große Problem, das bleibt, ist, dass die meisten Firmen, die eine ICO machen, Startups ohne erfolgreiche Historie sind. Reine Statistiken besagen, dass 99 % aller Startups scheitern – also auch die aller ICOs. Wenn man als Unternehmen bei den 1 % der erfolgreichen ICOs dabei sein will oder als Investor solide und keine Abzock-ICOs finden möchte, gilt es, die folgenden fünf Kernpunkte zu beachten:

1. IDEE: Es braucht eine gute, solide Idee, die ein reales und kein selbstkreiertes Problem löst.
2. UMSETZUNG: Ideen sind sehr wenig wert, wenn keine exzellente Umsetzung folgt.
3. TEAM: Es braucht ein Team von Entwicklern, Produktleuten, Rechtsexperten, Marketingleuten und vieles mehr.

4. TOKENSTRUKTUR: Die rechtliche und finanzielle Tokenstruktur muss korrekt aufgesetzt sein. Wie hoch ist zum Beispiel die maximale Kaufsumme? Wie viel kostet der Token am Anfang? Wie viel Prozent der Token werden verkauft? In welchem Land findet die ICO statt? Was ist die Funktion des Tokens? Für viele Fragen gibt es keine „perfekte“ Antwort, doch man muss verstehen, was sie jeweils bedeutet.
5. KOMMUNIKATION: Marketing und Kommunikation sind der Schlüssel zum Erfolg. Es ist der einzige Faktor, der nicht standardisiert werden kann und jedes Mal individuell ist. Wenn ein Team nicht transparent oder erreichbar ist, ist dies immer mit Vorsicht zu genießen.

Sollte man in ICOs investieren?

Das liegt ganz bei dir. Wenn du große Sorgfalt walten lässt und du dir bewusst bist, dass die meisten ICOs versagen, kannst du es gerne mit ein wenig Risikokapital versuchen. Die meisten ICOs laufen über die Websites der jeweiligen Unternehmen ab und die Token werden danach auf Exchanges gehandelt. Zum Beispiel kann PAY auf www.bittrex.com mit Bitcoin oder Ether gekauft werden. Sei dir aber der Risiken bewusst, vergleiche deine Rendite mit einem „Index“ und nicht einfach nur mit Euro. Wenn deine riskanten ICO-Investments zum Beispiel einen 50/50-Mix aus Bitcoin und Ethereum bei weitem übertreffen, was nur sehr wenige Token schaffen, dann ist es die Investition wert. Eine Übersicht der laufenden ICOs findest du hier: https://www.smithandcrown.com/icos/.

Wenn du noch mehr über ICOs lesen möchtest, dann google nach den vollständigen Inhalten in Form von Blogs, Büchern und Videos mit: „Julian Hosp Initial Coins Offerings ICOs.“ Viel Spaß beim Investieren in ICOs und denke immer daran, nie mehr zu riskieren, als du bereit bist, zu verlieren.

WAS KOMMT ALS NÄCHSTES?

Herzlichen Glückwunsch, du hast es geschafft! Du hast jetzt einen sehr guten Einblick in Blockchain, Kryptowährungen und wie sie unser Leben beeinflussen werden. Du zählst nun zur Crème de la Crème und bist absolut #CRYPOFIT.

Du fragst dich nun vielleicht, was deine nächsten Schritte sein sollten.

Hier ist eine kleine TO DO Liste für dich:

1. Lade dir das Arbeitsbuch mit vielen Tipps und Tricks herunter, falls du dies noch nicht getan hast: www.cryptofit.community/arbeitsbuch Fülle es aus und arbeite die Dinge durch.

2. Registriere dich bei einer oder mehreren Exchanges. Sobald das Konto offen ist, überweise ein paar Euro darauf und kaufe deine ersten Kryptowährungen. Auch wenn sich das derzeit vielleicht noch komisch anfühlt, sei dem Ganzen offen gegenüber. Probiere es einfach Schritt für Schritt aus. Sieh es wie das Internet vor dreißig Jahren: Diejenigen, die zuerst anfingen, waren die Gewinner und diejenigen, die weiter offline rumgurkten, verloren. Investiere deine ersten Euro, sei vorbereitet, ein bisschen zu verlieren, lerne daraus und verbessere dich. So wächst du und recht schnell wirst auch du zum Kryptoexperten. Du wirst sehen – es wird die aufregendste und beste Reise deines Lebens sein. Trau dich.

3. Hol dir die TenX-App, um deine Kryptowährungen darin zu speichern. Hol dir außerdem die TenX-Karte, damit du Kryptowährungen jederzeit ausgeben kannst. Hier ist der Link: www.tenx.tech Falls du eine größere Summe investieren willst, kauf dir eine Hard Wallet: www.julianhosp.com/hardwallet

4. Denke daran, dass sich viele Dinge im Krypto-Ökosystem schnell ändern. Einige Links, Exchanges oder Währungen existieren möglicherweise nicht mehr, wenn du dies hier liest. Halte dich also stets auf dem Laufenden, suche dir ein paar Events raus bzw. tritt einer Mastermind Gruppe bei. Hier ist zum Beispiel unsere Facebook Gruppe mit zehntausenden Leuten: www.facebook.com/groups/kryptoganzeinfach

5. Eine letzte Sache: Wenn du Wert aus diesem Buch gezogen hast, dann hilf mir mit meiner Vision, Menschen auf der ganzen Welt #CRYTPOTFIT zu machen. Teile dieses Buch mit ein paar Freunden. Schenke es jemandem zum Geburtstag oder zu Weihnachten. Teile den Amazon-Link auf Facebook oder Twitter. Und natürlich, bitte hinterlasse mir eine Bewertung bei Amazon. Gehe auf www.amazon.de, suche nach „Julian Hosp Kryptowährungen“ und hinterlasse mir dein Feedback. Es dauert nur eine Minute, aber es hilft anderen, das Buch zu finden und zu erkennen, wie wichtig es für sie ist.

Denke daran, Wissen ist nur potenzielle Macht. Wenn du bis hierher gekommen bist, alles gelernt hast, es aber nicht umsetzt, ist es, als hättest du es nicht gelernt. Komm also ins Tun und setze das Gelernte um.

Wenn mich Leute fragen, was mein Sinn fürs Leben ist, antworte ich: „Es geht darum, Optionen zu schaffen, nicht nur für mich selbst, sondern auch für andere.“ Optionen zu haben, bedeutet für mich, unabhängig zu sein. #CRYPTOFIT zu sein, bedeutet für Milliarden Menschen weltweit, sich entscheiden zu können, in einer zentralisierten Welt zu bleiben, sie jedoch jederzeit für eine andere Option verlassen zu können. Das ist, worauf es mir ankommt: Zu wissen, dass man könnte.

Mit diesem Schlussparagraphen möchte ich dir danken, dass du mich auf diesem Weg begleitest. Ich wünsche dir alles Gute, Gesundheit ganz viel Erfolg und hoffe, dich irgendwann, irgendwo mal in Person zu treffen oder zumindest von dir per E-Mail zu hören.

Sei weiterhin so großartig, bleib #CRYPTOFIT und rocke diese Welt!

Dein

INDEX

ÜBER DEN AUTOR

Dr. Julian Hosp, Jahrgang 1986, ist Profisportler, Arzt, Unternehmer, Blockchainexperte, Speaker und Bestsellerautor.

Julian war fast zehn Jahre lang Profi-Kitesurfer und gehörte zu den Top 10 der Welt. 2011 schrieb er das Nr. 1 Fachliteratur Buch namens *Kite-Trickionary*. Nach seiner High-School Zeit in Nashville, Tennessee, USA verfolgte er sein Medizinstudium in Innsbruck. Nach dem Abschluss wollte er eigentlich Unfallchirurg werden, doch nachdem er kurz das Leben im Krankenhaus antestete, entschloss er sich, seinen unternehmerischen Träumen nachzugehen. 2015 veröffentlichte er seine damaligen Erlebnisse mit dem Bestseller *25 Geschichten für mein Jüngeres Ich* gefolgt von *Grenzenlos Erfolgreich* im Jahr 2016.

2015 wurde er Mitgründer des in Singapur ansässigen Fintech-Startups TenX, ein Unternehmen, das Kryptowährungen jederzeit und überall verwendbar macht, indem es seinen Kunden ein Debitkarten-Zahlungssystem anbietet. Julian wurde außerdem zu einem der besten Blockchain- und Kryptowährungsexperten der Welt ernannt. Er ist ein häufig eingeladener Keynote Speaker bei Veranstaltungen auf der ganzen Welt und ein regelmäßiger Gast im Fernsehen, Radio und Print zu Themen wie aktuelle Blockchain-Trends, die Zukunft von Kryptowährungen und Unternehmertum.

Er lebte heute immer noch mit seiner Verlobten Bettina in Singapur, ist aber die meiste Zeit für geschäftliche und teilweise private Zwecke auf der ganzen Welt unterwegs. Alle Updates und weitere Informationen findet man auf seiner Webseite und den gängigsten Social Media Kanälen: www.julianhosp.de

Ausgesorgt mit 30 – 25 Geschichten für mein Jüngeres Ich

358 Seiten
ISBN: 9881485037

https://www.amazon.de/Geschichten-für-mein-jüngeres-Ich/dp/B01B8OLA8C/

Dr. Julian Hosp beschreibt, was andere Leute davon lernen können, wie er bereits mit 16 Jahren alleine von Österreich nach Amerika gezogen ist. Warum einen Baum zu pflanzen, ein wichtiges Verständnis für viele Dinge wie Universitätsabschluss oder Unternehmensgründung ist. Warum seine Erfahrungen als Profikitesurfer und -basketballer nicht nur im Extremsport anzuwenden sind, sondern auch auf Erfahrungen die wir täglich erleben zutreffen. Warum er zwar erfolgreich Medizin studiert hat, nun aber nicht als Arzt arbeitet, sondern als Unternehmer nach Asien gezogen ist und wie er diesen Schritt gewagt hat. Und wie er aus einer Totalpleite in Brasilien, wo er fast 100.000 Euro im Alter von 24 Jahren verlor, Einblicke in den Immobilien- und Aktienmarkt gewann, um so nur fünf Jahre später finanziell frei geworden zu sein.

Statt standardisierter, praxisferner Tipps aus anderen Erfolgsbüchern, gibt Julian handfeste und **praxisnahe Tipps in 75 Lektionen, die in 25 spannenden Geschichten** verpackt sind, weiter.

Sie werden dich dazu inspirieren, jene Entscheidungen im Leben zu treffen, welche du schon oft treffen wolltest, bis jetzt aber nie getan hast.

Grenzenlos Erfolgreich – Das Nr. 1
30-Tage-Programm

618 Seiten
ISBN: 9881485053

https://www.amazon.de/Grenzenlos-Erfolgreich-vollkommene-Zufriedenheit-ultimativen/dp/9881485053/

Höher, schneller, größer, weiter – das fordert unsere Gesellschaft. Wer kümmert sich bei solch hohen Anforderungen darum, dass DU vollkommene Zufriedenheit, absolutes Glück und ultimativen Erfolg erlebst?

Begib dich mit dem **Durchbruchkreierer Nr. 1, Dr. Julian Hosp**, auf den Weg zu deinem grenzenlosen Erfolg! Du lernst aus erster Hand von seinen Erfahrungen als Arzt, Profi-Kitesurfer, Blockchain Experte und Top Unternehmer.

Dieses **30-Tage-Programm** bringt dich in den Bereichen **Beziehung, Gesundheit, Finanzen, Business und Lernen** auf das **übernächste Level**.

Es unterstützt dich Tag für Tag dabei, alte Muster loszulassen und deinen Durchbruch zu kreieren! Es behandelt die Ursache, nicht die Symptome.

Bist du bereit, dein Leben für immer nachhaltig zu verändern? Dann starte **JETZT**!

10658499R00113

Printed in Germany
by Amazon Distribution
GmbH, Leipzig